피아노로 보는
12감각
깨우기

피아노로 보는

12감각
깨우기

악 기 교 육 의 실 용 성

김현경 지음

무지개다리너머

차 례

서문

이 책은 예술교육의 일종인 악기 교육, 특히 피아노 교육을 중심으로 12감각에 대해 이야기합니다. 하지만 그 내용은 피아노 교육만이 아닌 다른 교육에서도 적용될 수 있습니다. 저는 피아노라는 악기를 통해 '나'를 배웠고, 여전히 나 자신을 배우는 중입니다. 따라서 악기를 다룰 수 있는 것이 얼마나 큰 축복인지를 잘 알고 있습니다. 물론 악기를 연주할 줄 몰라도 행복하게 살아갈 수 있습니다. 그러나 가능하면 악기 교육을 권하고 싶은 것도 사실입니다. 이 책을 통해 악기 교육의 놀라운 실용성을 알아 가셨으면 합니다.

자녀와 학생에게 교육의 기회를 제공하는 교육자 또는 부모님이 이 책을 활용하려면 먼저 해야 할 일이 있습니다. 학생 시절에 받았던 교육이 자신의 삶에 어떤 영향을 미쳤는지 끊임없이 성찰해 보는 것입니다. 그 성찰 과정에서 교육 철학이 만들어집니다. 자기 성찰 없는, 이미 만들어진 이론과 철학을 그대로 가져와 사용하게 되면 금방 한계에 부딪힙니다. 생산적으로 활용하지 못하기 때문입니다.

지적 허영심을 채우는 현학적이고 사변적 이론이 아닌 교육의 '이점'을 몸소 체험한 교육자라면 이 책의 내용이 더욱 와닿고 실천할 수 있으리라 생각됩니다. 부모의 경우에도 그런 교육자를 찾는 것이 우선이 아니라, 어떤 것을 배우고 난 뒤 무엇이 충족되었는지 돌아볼 수 있어야 합니다. 그래야 자녀가 제대로 배울 수 있게 도울 수 있습니다. 또 자녀가 지금 하고 있는 배움의 활동이 과연 누구를 위한 것인지 자문해 봐야 할 것입니다.

치유 교육 활동을 하던 초기 시절에 경험이 부족한 저는 일의 방향성을 고민하고 있었습니다. 그때 우연히 책장에 꽂혀 있던 루돌프 슈타이너Rudolf Steiner(1861-1925)의 12감각을 풀어 놓은 책을 발견했습니다. 알베르트 수스만Albert Soesman이 쓴 『영혼을 깨우는 12감각Die zwölf Sinne: Tore der Seele』이었고 저는 다시 한 번 정독하게 되었습니다. 그러고 나서 제가 해야 할 활동에 대해 많은 영감을 받았습니다. 그것을 계기로 『12감각을 깨워야 내 아이가 행복하다』를 쓰게 되었습니다. 이 책에서 저는 12감각의 역할을 보다 쉽게 설명하기 위해 실생활에서 그 예시들을 찾고자 노력했습니다. 덕분에 많은 분들이 슈타이너의 12감각에 관심을 가져 주셨습니다.

인간의 감각을 12개로 살펴보는 슈타이너의 방식은 그의 사상에 한 발 다가가는 데 많은 도움이 됩니다. 슈타이너는 발도르프waldorf 교육을 창시한 교육자이자, 인지학人智學(anthropos-ophy, 인간의 지성으로 이해 가능한 영적 세계를 고찰하는 철학. 편집자 주)을 정립한 철학자입니다. 슈타이너는 다양한 분야를 깊이 있게 다루었고, 그만큼 범접하기 어려운 인물입니다.

12감각은 크게 육체 감각(촉각, 생명감각, 고유운동감각, 균형감각), 영혼 감각(후각, 미각, 시각, 열감각), 정신 감각(청각, 언어감각, 사고감각, 자아감각)으로 분류됩니다.

육체 감각은 우리의 육체를 느끼고 자각하게 해 줍니다. 길을 걷다 무언가에 발이 걸려 균형을 잃고 넘어지면 자신의 몸을 직접 마주하게 되죠. 나에게 몸이 있다는 사실, 내가 육체를 가졌음을 실감하게 됩니다.

영혼 감각은 외부 세계와 교류하고 정서적 변화를 경험하게 합니다. 엄마가 안아 주면 우리의 육체 감각은 내 몸을 실감하는 동시에, 우리의 영혼 감각으로 엄마의 애정을 느낍니다(열감각으로 따뜻함을 인식). 물리적으로 잡히지 않지만 느낄 수 있는 감각입니다. 우리를 번뇌하게 만드는 환상이나 착각을 일으키기도 합니다.

정신 감각은 영혼 감각보다 더 높은 차원의 감각입니다. 직접적인 자극을 넘어서는 진리를 추구하는 감각입니다. 우리가 환상이나 착각에서 벗어날 수 있도록 돕습니다.

이 책에서 저는 교육 활동에서 12감각을 어떻게 발달시킬지를 살펴보고자 합니다. 감각은 다음과 같이 분류했습니다. 굵은 글씨는 육체 감각이고, 이탤릭체는 영혼 감각, 나머지는 정신 감각입니다. 육체 감각으로 시작해서 영혼 감각, 정신 감각 순으로 나아갑니다.

촉각, *후각*, 자아감각
생명감각, *사고감각*
고유운동감각
균형감각, *열감각*
시각, 청각
미각
언어감각

'1장 촉각, 후각, 자아감각'에서 촉각과 후각의 눈에 띄는 유사성을 짚어 보면서, 촉각과 대비 관계인 자아감각을 함께 고찰해 봅니다. 대비 관계에 있는 감각들은 동시에 기능하지 않습니다. 하나의 감각이 기능할 수 있게 된 후에, 그 기능이 물러나면서 또 다른 감각이 기능하기 시작합니다.(슈타이너는 감각을 천문과 연관시켜 12감각을 황도대 12성좌와 연결 지었습니다. 이런 관점에서 촉각은 천칭자리, 자아감각은 양자리에 해당되어 대비 관계를 이룹니다. 천문과의 관계는 이 책의 주제를 벗어나므로 여기서는 더 이상 언급하지 않습니다. 편집자 주)

'2장 생명감각, 사고감각'에서는 두 감각의 대비 관계를 통해 공부 습관, 배움의 즐거움을 어떻게 키울 수 있는지 살펴봅니다. 생명감각의 단련 정도에 따라 사고감각의 힘이 얼마나 달라지는지 자세히 알 수 있습니다.

하나의 감각으로 구성된 '3장 고유운동감각', '6장 미각', '7장 언어감각'은 교육 활동(피아노 교육)과 관련해 좀 더 자세히 들여다봅니다.

'5장 시각, 청각'은 악기 교육에서 눈과 귀가 놀라울 정도로 대체되는 서로의 기능에 대해 살펴봅니다. 악보를 보는 연주자는 눈으로도 귀로 듣는 음들을 듣습니다.

감각은 사용할수록 더욱 섬세해집니다. 그 섬세해진 감각은 세상의 어떤 일도 이루어 낼 재능의 원천이 되어 줄 것입니다.

12감각과 사고, 감정, 의지

  루돌프 슈타이너의 교육 철학이 담긴 발도르프 교육은 인간의 사고, 감정, 의지를 조화롭게 발달시키는 것입니다. 사고 또는 의지만 발달할 경우 감정에 문제가 생길 수 있습니다. 아주 어린 시기에 신체 활동보다 지적 학습인 사고 활동이 주가 되어 성장한다면, 지식은 많으나 그것을 활용할 신체적 조건을 갖추지 못하는 문제가 생기기도 합니다. 가령 지구가 자전한다는 지식이 있어 똑똑해 보이는 아이가 자기 옷의 단추도 스스로 끼우지 못하는, 온전한 성장이 이뤄지지 않습니다.

  사고와 의지의 부조화는 어른들에게서도 나타납니다. 지식이 많아 세련된 언어로 논리정연한 이론을 구사하지만 행동은 애처럼 구는 어른들이 있습니다. 또 자기 감정을 다스릴 줄 몰라 문제가 생길 때마다 남의 탓으로 돌리고, 폭력을 행사하는 미성숙한 행동을 보이기도 합니다.

  12감각을 인식하고 이해함으로써 더 섬세하게 나의 의지, 나의 감정, 나의 사고를 깨닫게 됩니다. 그렇게 나 자신으로 살 수 있습니다. 우리가 가장 행복할 때는 다른 사람을 연기하지 않고,

나로 살 수 있을 때입니다.

많은 사람들이 감각을 육체 영역에 국한시킵니다.(보통 과학에서는 5~7가지의 감각만을 구별하는데 그 이유가 나머지 감각이 그다지 드러나지 않기 때문이라고 슈타이너는 말합니다. 편집자 주) 감각感覺이라는 단어를 풀어서 보면 느끼고 깨우친다는 뜻입니다. 감각은 우리의 육체와 영혼과 정신을 넘나들며 협응합니다.

가령 보이는 것에 대해 밝다, 어둡다, 이렇다 저렇다 구분하는 것은 알베르트 수스만의 표현처럼 '판단' 행위입니다. 눈뜬장님이라는 말에 시각의 이런 기능이 암시되어 있음을 알 수 있습니다. 감각이 단지 육체적 기능만 한다는 생각에서 더 열려 있어야 하는 이유입니다.

육체 감각(촉각, 생명감각, 고유운동감각, 균형감각)은 내 의지와 상응합니다. 내 몸을 이리저리 움직여 보면서 나를 더 잘 의식할 수 있습니다.

영혼 감각(후각, 미각, 시각, 열감각)은 내 감정과 상응합니다. 나와 연결되어 있는 세상을 느낄 수 있습니다. 타인의 감정이 아니라 내가 무엇을 어떻게 느끼는지 경험하는 일은 매우 중요합니다. 나의 사고와 의지에 영향을 미치기 때문입니다. 타인의 감정에 기대어 사는 사람들은 타인의 의지와 사고를 따르게 됩니다. 그것이 나와 맞지 않는데도 맞춰 살다가 정신적으로, 육체적으로 병을 얻을 수 있습니다. 나에게 좋은 것과 타인에게 좋은 것은 다를 수밖에 없습니다. 그러니 내가 느끼는 영혼 감각을 돌보는 일은 매우 중요합니다.

정신 감각(청각, 언어감각, 사고감각, 자아감각)은 내 사고와 상응합니다. 나의 사고로 언어를 습득하고, 진리를 알아 가고, 깊이 있는 배움이 가능해집니다.

알베르트 수스만은 『영혼을 깨우는 12감각』에서 인지학을 마르지 않는 샘이라 말합니다. 한 번 파헤치기 시작하면 공부할 소재들이 끊임없이 발견되기 때문입니다. 그는 감각 설명을 마치고 그들 관계를 구체적인 설명 없이 키워드로 제시합니다. 독자들이 자발적 사유를 하기를 바라는 마음에서 그런 것이 아닐까 생각됩니다. 그 중에 '시각과 미각의 상호 협력 작용'이 있습니다. 이 키워드를 갖고 일례를 찾아보면 다음과 경우가 있을 수 있습니다.

어린아이가 처음 보는 음식 앞에서 고개를 가로저으며 "이건 맛이 없어서 안 먹을 거야"라고 말합니다. 어떤 맛인지를 전혀 모르는데 그런 판단을 합니다. 이때 부모가 아이의 기분만 맞추느라 그냥 놔둡니다. 그렇게 감각이 깨어날 기회가 사라집니다. 감각을 깨우는 경험을 회피하면서 성인이 된 그 아이는 어쩌면 "결혼하면 고생할 게 뻔해"라는 편협된 시각에 갇혀 버릴 수 있습니다. 잠들어 있는 미각이 시각 형성을 방해한 것입니다. 미각의 발달이 시각적인 범위를 넓혀 줄 수 있습니다.

12감각은 탐구 대상으로써 마르지 않는 샘이 맞습니다. 이렇게 우리는 자발적으로 12감각을 공부해 나갈 수 있습니다.

악기 교육

슈타이너는 자신의 강연집 『음악의 본질과 인간이 경험하는 음Das Wesen des Musikalischen und das Tonerlebnis in Menschen』에서 관악기, 현악기, 타악기, 이 세 종류의 악기는 인간의 상상으로 만들어진 악기가 아니라, 영계에서 물질계로 내려온 인간을 모방한 악기라고 말합니다. 그리고 그것은 인간의 사고, 감정, 의지에 해당됩니다.

머리에서 입으로 연주하는 관악기는 인간의 사고에 해당합니다. 가슴 가까이 끌어안고 연주하는 현악기는 인간의 감정에 해당합니다. 시시때때로 변하는 감정은 의지와 사고 사이를 오갑니다. 우리의 팔다리를 이용해 연주하는 타악기는 인간의 의지에 해당합니다.

슈타이너는 피아노를 영계에서 내려온 악기에 포함시키지 않습니다. 인간의 상상으로 만든 세속적인 악기라고 합니다. 그는 영계와 떨어져 살아가는 인간에게 피아노라는 악기가 있어 다행이라고 말합니다. 세속적인 것에서 차츰 정신적인 통찰에 접근할 수 있기 때문입니다.

인간을 모방한 세 악기군은 연주 방식이 직접적이지만 피아노는 간접적입니다. 건반을 누르면 해머가 작동해서 현을 때리는 방식입니다. 피아노와 연주자 사이에는 여러 부속품들이 놓여 있습니다.

피아노는 멜로디 악기(관악기)이자, 화음 악기(현악기)이며, 리듬 악기(타악기)의 역할을 동시에 합니다. 피아노 연주자는 하프와 더블 베이스를 켤 수 있고, 간혹 징을 칠 수 있고, 오보에와 피콜로를 불 수도 있습니다. 피아노로 말입니다! 세속적인 피아노가 정신세계의 수준으로 올라갑니다.

독주 중인 피아니스트의 귀에는 여러 악기들의 소리가 선명하게 들립니다. 단선율밖에 연주할 수 없는 관악기와 현악기, 리듬만 연주할 수 있는 타악기 연주자와는 다르게 피아니스트는 여러 성부의 선율들을 홀로 통제하는 중입니다. 그는 각 성부들 간의 균형을 고려하고 그에 상응하는 악기 소리를 떠올리며 피아노를 연주하는데, 그 순간 그는 오케스트라 지휘자가 됩니다.

피아니스트가 연주할 때의 모습을 떠올려 보세요. 그는 피아노 앞에서 여러 악기들을 연주하는 중입니다. 현악기를 연주할 때처럼 손가락으로 건반을 지긋이 눌러 바깥 방향으로 돌리거나, 관악기를 부는 것처럼 호흡하느라 온몸을 흔들다시피 하게 됩니다. 아직 정신세계 수준으로 올라가지 못했다면 피아노 건반만 수직으로 때리거나 버튼 누르듯 할 것입니다.

　피아노는 섣불리 다룰 수 없는 어렵고 까다로운 악기이기에 발도르프 교육에서는 피아노보다는 세 악기군의 악기를 먼저 배우게 합니다.

　세 악기군은 각 악기마다 고유한 음색이 있지만, 피아노는 연주자가 직접 음색을 만듭니다. 인간의 상상으로 만들어진 악기로 세 악기군의 음색을 상상해 연주하는 일은 어려운 일임을 짐작할 수 있습니다.

　슈타이너는 아이들이 가능하면 일찍 악기를 접해야 한다고 말합니다. '나'라는 주관적 대상이 '악기'라는 객관적 대상을 통해 외부로 나가는 경험을 할 수 있기 때문입니다. 나의 내면을 드러내는 경험이 중요하기 때문입니다.

1장

촉각, 후각, 자아감각

육체를 뛰어넘는 고차적 감각

저는 좌뇌가 기형인 상태로 태어난 어린아이를 만 4세 때 만나 청소년이 된 지금까지 곁에서 지켜보고 있습니다. 좌뇌는 우반신의 움직임, 언어 습득과 학습 능력을 담당합니다. 이 학생은 처음에 병원으로부터 걷는 게 불가능할 수 있고, 언어 사용을 못할 것이라는 진단을 받았습니다(이 사례 공개는 보호자의 동의를 받았습니다). 지금도 좌뇌 기형 그대로인데 초등학생이 되면서부터는 대화가 가능해졌습니다. 또 습득 기간은 오래 걸렸지만 악보를 읽을 수 있습니다. 현재 하이든이나 슈베르트 같은 클래식 음악들을 암보(악보를 외워 기억함)로 연주할 수 있습니다.

피아노 연주는 오른손과 왼손을 독립적으로 통제할 수 있어야 가능합니다. 게다가 오른발과 왼발로 페달까지 밟아야 합니다. 이 모든 걸 해내는 이 학생은 조기 발견에 따른 적절한 치료 사례로 의학계에서도 중요한 연구 대상이라고 합니다.

어떤 감각이 일부 육체에 국한되어 기능하는 것이라면 이 학생은 악보 읽는 것을 배울 수 없고, 피아노 연주도 할 수 없었을 것입니다. 저는 이 학생에게 일어난 일이 기적이 아니라고 말할 수 있습니다. 육체를 넘어서는 감각의 고차적 기능이 이 학생의 우반신을 통제할 수 있게 합니다. 학생의 우뇌가 좌뇌의 역할까지 하고 있을지 모를 이런 유연한 대체가 모두에게 늘 가능한 것은 아닙니다.

보통의 학생들은 기능적으로 문제가 없는 열 손가락을 가지고 있지만, 건반 위에서 엄지나 약지를 잘 사용하지 못합니다. 엄지를 이용하면 훨씬 편하게 연주를 할 수 있는데 나머지 손가락를 억지로 벌려 건반을 치곤 합니다. 가지고 있을 뿐, 사용하지 않는 육체 부분이 있는 것입니다. 우리는 과연 무엇을 장애라고 해야 할까요?

나아지는 것 같지 않지만 의심하지 않고, 포기하지 않고, 무수한 반복을 묵묵히 행한 사람들에게 일어나는 이런 일은 결코 기적이 아닙니다. 반복해서 노력하는 과정을 보지 않고 결과만 놓고 기적이라거나 천재라고 말하기는 어렵습니다. 위 학생이 나아간 한 걸음 한 걸음은 긴 세월 무수한 반복으로(해 보지 않은 사람은 상상할 수 없을 정도로) 이뤄져 있습니다.

그 반복의 이유가 장애는 아닙니다. 겨우 한 걸음 나아가기 위해 무수한 반복 연습이 필요하다는 것은 저 역시 학창 시절부터 지금까지 경험하고 있습니다. 그러니 좌뇌 기형에도 피아노 연주를 할 수 있는 학생이 있는 것입니다. 이 긴 한 걸음을 견디지 못해 반복 연습을 포기하거나, 연습하겠다는 약속을 가볍게 여기는 부모와 학생들이 많습니다.

'나'에게 초점이 맞춰진 육체 감각 중 하나인 촉각을 돌볼 때 (부모나 교사가 자녀나 학생을 돌볼 때) 영혼과 정신의 돌봄이 자연스레 함께 이뤄집니다. 모든 감각이 협응하기 때문입니다.

촉각을 돌보는 일은 그 대비 관계에 있는 정신 감각인 자아감각을 돌보는 일이기도 합니다. 뒤에서 자세히 설명하겠지만 자아감각은 '타인을 나처럼 느끼고 생각하며 행동하는 사람으로 여기는 감각'입니다. 촉각은 머리끝에서 발끝까지 몸 전체 피부 표면에 존재하며, 내 피부 표면에 다른 무언가가 밀착되어 있음을 느낍니다. 이 밀착된 느낌으로 내 육체의 경계를 인지할 수 있습니다. 그 경계를 느낄 때 우리는 몸을 더 잘 가눌 수 있습니다.

실용적인 것과 비실용적인 것의 차이

똑같은 가격의 가정용 업라이트 피아노가 어떤 집에서는 300년 전에 살았던 작곡가를 만나게 해 주는 명품인가 하면, 또 어떤 집에서는 산 지 얼마 안 되어 처리 곤란한 대형 폐기물이 됩니다.(피아노 현이 세워진 것을 업라이트 피아노, 눕힌 것을 그랜드 피아노로 구분함. 업라이트 피아노가 공간도 덜 차지하고 가격이 저렴해 보급형으로 판매되고 있다. 편집자 주) 쉽게 버리지도 못하고 그 위에 물건들을 잔뜩 쌓아 놓습니다. 이 집에 사는 사람들에게 피아노는 쓸모없는 물건일 것입니다.

자, 피아노는 실용적인가요? 비실용적인가요? 이 질문을 통해 우리는 실용성을 판가름하는 기준이 피아노라는 사물 자체가 아님을 알 수 있습니다.

이 세상에 쓸모없는 것이 있다면 내가 그 쓸모를 잘 모르기 때문입니다. 진정한 실용주의자는 가치를 알지 못하는 물건에 혹해 소유하려 하지 않습니다. 혹 소유했더라도 실용성을 고민하고 끝내 찾아냅니다. 자기에게 주어진 대부분의 것들에서 유용성을 발견해 냅니다. 가진 것을 허투루 쓰지 않아 삶에 어려움이 없고, 풍요롭기까지 합니다. 누구보다 현실 세계에 발을 잘 붙이고 살아갑니다. 그런 그들에게 실용적이라 함은 형편과 상황에 맞게, 원하는 대로 변형시킬 수 있는 것입니다.

그렇습니다. 실용주의자들은 창의적입니다. 또 그 창의력은 진리와 본질을 훼손하거나 오염시키지 않습니다. 배움의 실용성을 모르는 사람들, 창의적일 수 없는 사람들은 능력이 없는 것이 아니라 겁에 질린 것입니다. 어쩌다 겁을 먹게 되었을까요?

권력을 쥔 누군가가 오직 한 사람에게 유용한 것을 다수에게 강요한다면, 그 사회는 한 사람만 배부르고 나머지 사람들은 '그것도 못하는 바보'가 될 것입니다. 나머지 사람들은 그 한 사람처럼 되지 못할까 봐 겁먹고 유연한 사고를 하지 못합니다. 그 결과 창의력이 떨어집니다.

배움의 실용성을 안다는 것은 두려움이 없다는 뜻이기도 합니다. 교육이 실용적이 되려면 두려움을 심어 주지 말아야 합니다. 학생의 앞날을 걱정하는 듯한 은근한 억압이 없는 교육이어야 합니다. 피교육자가 억압받지 않기 위해 부모나 교사는 실용주의자가 되어야 할 것입니다.

부모나 교사가 오직 가르치는 행위(교습)만 놓고 실용적이라 생각한다면 다단계 마케팅이 될 뿐입니다. 피아노를 전공하면 피아노 교사가 되는 것 말고는 그 교육의 실용성을 모르는 교사는 피아노 교사만 양성하게 될 것입니다. 그 목적 외에 할 수 있는 교육이 없기 때문입니다. 그런 식으로 피아노를 배우는 학생들은 서서히 피아노와 멀어집니다. 자신의 희망 분야를 한정적으로 생각할 수밖에 없기 때문입니다.

앞서 피아노가 대형 폐기물이 되는 이유는 그 사물의 쓸모를 모르기 때문이라고 했습니다. 어떤 사물의 다양한 쓸모를 모르는 사용자가 그것을 이용해 교육 활동을 할 때, 그는 자기도 모르는 사이에 학생들을 억압하게 됩니다. '그렇게' 사용하지 않는 학생을 용납할 수 없기 때문입니다. 이것이야말로 가장 꼭대기 자리에 있는 자만 배가 부른 다단계 마케팅이 아니고 무엇이겠습니까.

피아노를 칠 때 느끼는 촉각

악보를 예로 들며 설명을 하는 부분이 몇 군데 있는데 악보를 볼 줄 몰라도 괜찮습니다. 그림이라 생각하고 보시면 됩니다.

쇼팽 「왈츠 Op. 69 No. 1」 일부

옆의 2단 악보에서 아래 단에 나오는 첫 음은 왼손 새끼손가락이 연주할 음인데, 점2분음표(3박 길이)로 그 마디가 끝날 때까지 누르고 있어야 하는 길이입니다(이 곡은 4분음표가 한 마디 안에 3개 연주되는 4분의 3박자의 곡). 그 음 바로 다음에 이어지는 음들은 마디의 첫 음을 누른 상태에서 연달아 연주해야 합니다. 학생은 교사를 통해 이것을 머리로는 알고 있습니다. 하지만 실제 연습에서 누르고 있어야 할 새끼손가락이 자신의 의도와 달리 건반에서 빨리 떨어지고 맙니다. 교사는 학생의 새끼손가락이 건반을 누르자마자 떨어지지 않게 직접 몇 번을 잡아 줍니다.

이 곡의 작곡가에게는 그 긴 음이 계속 우리 귀에 울리고 있어야 할 정도로 중요합니다. 그래서 다른 음들이 연주되는 동안 특정 음을 지속하도록 긴 음으로 작곡한 것입니다. 연주자는 그 한 음을 다른 음보다 특히 신경 써서 소리를 내야 합니다. 다른 소리보다 조금 구분되어 튀어 나올 수 있게 말입니다. 그래야 다른 음이 연주되어도 그 한 음이 계속 우리 귀에 들립니다. 그렇게 하기 위해 그 한 음과 다른 짧은 음들의 힘의 밸런스를 학생에게 알려 줘야 합니다.

저는 학생이 직접 느낄 수 있게 그의 손등이나 팔을 건반 삼아 제 손가락으로 연주하듯 누릅니다. 길게 눌러야 하는 첫 음과 나머지 음들의 힘의 차이를 알려 주는 이 방식은 매우 효과적입니다. 말로 설명하는 것보다 시간도 훨씬 절약됩니다. 학생은 단번에 알아듣고 바로 재현합니다. 잔소리는 필요 없습니다.

연필 쥐는 법을 가르칠 때 교사는 아이의 눈높이를 맞추려고 등 뒤에서 감싸 안듯 자신의 손을 아이 손과 같은 위치에 같은 방향에서 쥐어서 보여 줍니다. 그 어떤 말보다 효과적인 교육방법입니다. 세상 경험이 적은 학생들에게 말은 매우 추상적이어서 혼란을 일으킵니다. 게다가 자신의 역량을 의심하게 만들어 좌절하게 합니다. 어린 피아노 초보자도 마찬가지입니다. 제가 피아노 화상 교육 요청을 거절하는 이유가 여기에 있습니다.

제 실수 경험담을 하나 공유하자면, 한 학생에게 건반 소리를 작게 내는 방법을 가르칠 때입니다. 작은 소리라 해서 모두 흐물거리듯 힘없이 나는 소리가 아닙니다. 작아도 예쁜 소리가 있고, 작지만 날카롭게 강한 인상을 남기는 소리도 있습니다.

학생이 손가락을 흐느적대며 힘이 다 빠진 것처럼 작은 소리를 내길래, 제가 힘 있는 작은 소리를 내자고 말했습니다.

"작지만 힘 있는 소리!"

저의 이 말에 초등학교 3학년 학생은 좌절했던 것입니다. 상충되는 두 가지 느낌을 한 번에 표현하려니 도무지 감을 잡을 수 없었던 것이죠. 몇 주를 한참 헤매던 학생은 어느 날 한숨 쉬듯 말하는 것이었습니다.

"무슨 말인지 도저히 모르겠어요."

그 학생은 해내지 못한 자신에게 상심한 듯 보였습니다. 그제야 제가 실수했다는 것을 알았습니다. 저는 학생의 손등을 피아노 건반 삼아 작은 자극이지만 날카로운 느낌으로 연주했습니다. 학생은 바로 알아차렸습니다.

악기 교육처럼 몸을 이용해 표현하는 테크닉을 배울 때는 어린아이뿐 아니라 성인이나 청소년들에게도 스킨십이 필요합니다. 하지만 안타깝게도 스킨십은 점점 금기시되고 있습니다. 왜 그럴까요? 불신 때문입니다. 끊임없이 불신하게 만드는 사건들과 끊임없이 의심하게 되는 불안증이 합작해 말로만 전달하는 가짜 교육을 양산합니다. 진짜 교육을 위해 어떻게 신뢰를 회복할지 우리는 늘 고민해야 합니다.

만지는 사람의 의도는 만져지는 사람에게 고스란히 전달됩니다. 만지는 사람이 학생의 성별에 따라 경직되거나 불순한 의도를 가진다면, 단지 손을 만지는 일일지언정 만져지는 입장에서 그것을 느낍니다. '왜 그런지는 모르지만 기분이 좀 이상하다…'고 느낍니다.

진짜 교육을 위해 교사는 교육 내용과 관련된 신체 부위를 잘 만져야 할 것입니다. 가르치는 행위에 집중해 스킨십이 이루어졌을 때 학생은 그것을 이상하거나 특별하게 느끼지 않습니다. 따라서 가르치는 행위에 집중하는 교사는 학생에게 하는 스킨십을 걱정할 필요가 없습니다.

피아노 연습은 손가락 끝 부분이 건반에 닿았다 떨어지기를 반복하는 일입니다. 따라서 연주자는 바로 그 신체 부위를 다른 어떤 부위보다 잘 느낄 수 있습니다. 또 오른쪽 페달을 사용한다면 오른발의 엄지발가락과 두 번째 발가락이 발로 연결되는 그 부분이 페달에 닿아 그 부위도 느낄 수 있습니다. 발뒤꿈치 역시 바닥에 닿아 있어 느낄 수 있고요. 왼발바닥은 어떨까요? 바닥에 닿으니 당연히 느낄 수 있습니다. 의자에 앉아 연주하기에 엉덩이와 허벅지도 일부 느낄 수 있습니다.

지금 나열한 신체 표면을 모두 합치면 대략 어느 정도의 면적이 될지 한 번 상상해 보시기 바랍니다. 아마도 몸 전체 표면적의 약 10~20% 정도일 것입니다. 어쩌면 그보다 더 적을지도 모릅니다. 피아노를 연주할 때 우리는 분명 눈을 뜨고 깨어 있는 상태입니다. 밤이 되어 잠들어 있는 그런 상태가 아닙니다. 그렇게 깨어 있음에도 불구하고, 더군다나 피아노 연주라는 굉장히 역동적인 활동을 하고 있음에도 불구하고, 그 상태에서 내가 느낄 수 있는 신체 표면은 극히 일부분입니다. 이 사실에 주목해야 합니다. 이것은 우리가 눈을 뜨고 있더라도 약 10% 내외의 촉각만을 의식적으로 사용한다는 뜻입니다.

피아노를 연주할 때 등과 머리, 어깨 부위는 그 어디에도 닿아 있지 않기 때문에 그 부위의 촉각은 우리를 위해 특별히 하는 일이 없습니다. 옷을 입고 있으니 옷에 닿는 부위로 느낄 수 있겠지만, 시간이 지날수록 점점 무뎌지고 잊어버립니다. 역할을 하지 않는, 즉 그 무엇과도 닿아 있지 않은 신체 표면은 마치 잠든 것과 같습니다.

뇌졸중 환자들은 쓰러지기 전 신체 부위의 절반가량이 마비되어 피부의 경계를 느끼지 못합니다. 내 몸이 어디에 있는지 알 수 없는 상태가 되어 몸을 가누기가 어렵습니다. 그래서 촉각이 깨어 있다는 것은 매우 중요합니다.

힘의 밸런스를 위한 감각 의식

피아노를 치고 있는 학생은 건반에 접촉하는 손끝 외에 등, 어깨, 팔은 그 어디에도 닿아 있지 않습니다. 그 부위는 자는 중입니다. 그래서 학생의 등은 점점 굽게 되고 어깨는 올라갑니다. 그는 자신의 그런 모습을 모릅니다. 교사는 말이 필요 없이 학생의 등에 손바닥을 살짝 댑니다. 학생의 등은 비로소 잠에서 깨어납니다. 쪽잠 든 사람을 깨웠을 때처럼 학생은 순간 흠칫 놀랍니다.

학생은 '내 등이 여기 있구나' 하고 잊고 있던 등을 의식하기 시작합니다. 학생의 올라간 어깨에 교사가 손을 살짝 대면 똑같은 반응이 일어납니다. 이렇게 등과 어깨를 의식하게 된 학생은 피아노를 연주하는 동안 등이 굽는 일이 없게, 어깨가 올라가지 않게 신경을 씁니다. 내 등과 어깨가 나도 모르게 나를 불편하게, 내게 불리하게 작용하지 않도록 의식하게 됩니다.

어깨가 올라간 상태로 피아노 연주를 하면, 힘으로 건반을 세게 눌러도 공간 전체를 울리는 풍성하고 꽉 찬 소리를 낼 수 없습니다. 그런 풍성한 소리는 힘을 완전히 뺐을 때 나올 수 있기 때문입니다. 여러 음을 동시에 내는 화음을 연주할 때, 저보다 덩치가 훨씬 큰 학생이지만 제가 내는 소리의 절반밖에 안되는 빈약한 소리를 내곤 합니다. 육체적 힘이 부족해서가 아니라 어깨가 올라갈 정도로 몸에 너무 힘을 많이 주고 있어서입니다. 학생이 그것을 의식하도록 교사는 어깨에 손을 올려 줍니다.

촉각은 우리에게 '당신이 지금 이렇게 하고 있다'는 것을 알려 주는 감각입니다. 잠자는 상태를 깨워 나를 의식하게 만듭니다.

학생이 검지로 '레'를 연주해야 하는데, 자꾸 조금 왼쪽에 있는 건반인 '도'를 누르는 실수를 한다고 가정해 봅시다. 오른손 검지를 살짝만 오른쪽으로 보내면 '레'가 울릴 텐데 그렇게 하지 않아, 자꾸 한 음 낮은 '도'를 누릅니다. 촉각의 기능을 알든 모르든, 학생의 '무의식적 검지'를 잠에서 깨워 주고 싶은 교사라면 자신의 손가락으로 학생의 검지를 슬쩍 오른쪽으로 밀어 줄 수 있습니다. 학생은 크게 놀라지 않고 자신의 실수를 인지합니다. 몇 번 더 실수가 반복되더라도 곧 교정할 수 있습니다.

이 방법과 함께 저는 학생의 손가락이 '도' 건반을 만지지 못하도록, 제 손가락으로 '도' 건반을 살며시 선점합니다. 그러면 학생은 '도'를 누르려다 제 손과 부딪혀 의식을 하고, '레'를 바르게 연주합니다.

제가 학생 손가락을 오른쪽으로 밀어 줄 때 종종 학생 손에 힘이 들어가는 경우가 있습니다. 마치 '나는 선생님의 지시를 따르고 싶지 않다. 나는 틀리게 연주하고 있지 않다'는 의사를 내비치듯이 말입니다. 분명 잘못 연주하고 있는데 말이죠. 그런 경우에는 어김없이 제가 조금 피곤한 상태입니다. '저도 모르게' 제 손에 힘이 들어가 학생 손을 강제로 밀고 있음을 학생이 이렇게 알려 줍니다. 그러면 제가 학생 덕분에 정신을 차릴 수 있습니다. 거친 행동으로 타인을 깨우려고 할 때 그것은 잘 통하지 않게 됩니다.

성찰, 즐거움을 넘어서

우리가 눈을 뜨고 있는 상황에서 촉각이 온전히 우리 신체 표면 전체에 그 존재를 드러내려면, 즉 우리가 몸 전체 표면을 다 느낄 수 있으려면 한 군데도 빠짐없이 어딘가에 닿아 있어야 합니다. 게다가 오래 닿아 있으면 의식에서 사라지기 때문에 닿았다 떨어지는 일이 반복되어야 할 것입니다. 이런 일은 현실적으로 불가능합니다. 실제로 일어난다면 아마도 신경쇠약으로 고생하다 쓰러질 것입니다. 그러니 한편으론 우리 몸 전체를 신경 쓰지 못하고 사는 게 천만다행입니다.

신체 표면 전체를 의식할 수 없기에 '나도 모르는' 행동을 할 때가 있습니다. 나도 모르게 벌어지는 일들이 너무 많죠. 벌어지고 나서야 내가 무엇을 했는지 아는 게 반복된다면 평소 나의 촉각이 잠들어 있다는 뜻입니다. 평소 접촉 기회가 적어 촉각의 할 일이 많지 않은 것이죠. 실수나 다치고 나서 아는 경우를 줄이려면, 닿아 있지 않아도 신체 부위를 어느 정도 의식할 수 있는 연습이 필요합니다.

피아노를 배우는 학생이 어느 정도 숙련된 연주자로 거듭나면, 피아니스트를 직업으로 갖고 있지 않더라도 좋은 소리를 내는 자세를 유지합니다. 다른 누군가가 등이나 팔을 만져 주지 않아도 스스로 등, 팔, 어깨를 의식하는 습관이 생깁니다.

혼자서는 길들이기 어려운 자기 성찰적인 습관입니다. 처음부터 자기 성찰이 가능한 사람은 없습니다. 우리가 혼자 살 수 없고, 우리 곁에 다른 사람이 필요한 이유가 바로 이 때문입니다.

악기를 전공해도 좋을 정도로 실력이 좋은 학생들 중에는 자기 성찰적 연습을 하지 않는 경우가 많습니다. 그래서 전공으로 이어지지 않습니다. 실수를 줄이는 데 목표가 있지 않고, 작곡가의 화려한 화성 진행을 만드는 데 빠져 있기 때문입니다. 건반을 때리고 내리치는 즐거움만 맛보려 합니다. 그런 학생은 자기 성찰에 관심이 없고, 악기를 취미로 다루는 정도에서 그치고 맙니다. 즐거움에서 멈추면 자기 성찰의 깊이까지 들어갈 수 없습니다.

감수성이 풍부한 사람이 사랑 이야기를 들려주는 데 발음이 나쁘다고 상상해 보세요. 무슨 말인지 알아들을 수 없을 것입니다. 그럴싸하게 멋진 곡을 연주하지만, 실수가 많고 기술적으로 미숙하다는 문제를 안고 있는 것입니다. 그래서 저는 피아노를 제법 치는 학생들에게 전공하면 좋겠다는 말을 아낍니다.

교사는 학생 기준에서 멋진 곡을 제대로 가르쳐야 합니다. 무

엇이든 제대로 하려 할 때 어렵게 느껴집니다. 그러나 그렇게 함
으로써 자기 한계를 알고 자기를 돌아볼 수 있게 됩니다.

참견에 대하여

부모는 아이가 뭔가를 잘하면 다른 것도 잘할 거라 기대합니다. 더 바라게 되고, 지적하고, 참견하게 됩니다. 참견의 말을 듣는다는 것은 꽤 괜찮은 사람으로 보이기 때문인 경우가 많습니다. 그에게서 가능성이 보이니까요. 물론 참견을 정당화하려는 것이 아닙니다. 불필요한 참견은 타인에게 실수를 저지르는 행위입니다. 또한 자기 할 일을 회피하는 구실로 이용됩니다. 따라서 지나치게 남을 걱정하는 것은 현명하지 못한 행동입니다.

극도로 예민한 사람을 참견할 경우 어떻게 될까요? 화부터 냅니다. 그래서 대부분의 사람들은 성격이 날카롭고 자극에 예민한 사람에게는 아예 참견하기를 포기합니다. 이것도 모르고 자기 주변에 쓸데없이 참견하는 사람이 없다고 착각합니다. 자신의 잠든 촉각을 깨워 줄 사람이 곁에 없는 채로 사는 것입니다. 자기 성찰이 어려워집니다.

예민하다는 것은 같은 자극에도 더 크게, 부정적으로 반응하는 것입니다. 참견이나 지적을 당하면 어느 누구도 유쾌하지 않을 것입니다. 그렇다고 화를 내는 것은 폭력입니다. 자신한테 실수를 저지르는 상대방을 폭력적으로 대하면 상대는 자신의 실수를 인지하지 못합니다. 오히려 화내는 사람이 나쁜 사람이 됩니다. 누가 나를 참견해서 화를 낸다면 자신의 폭력성을 인지할 줄 알아야 합니다. 내가 예민해 아무도 나에게 지적하지 않는다면, 내 몸은 계속 잠든 채 나도 모르는 실수를 연발할 것이기 때문입니다.

우리가 눈을 뜨고 있을 때 정말로 잘 깨어 있어야 하는 이유는 삶에 부정적인 영향을 미치는 실수를 반복하지 않으려는 데 있습니다. 이런 의미에서 피아노 교육은 촉각을 깨우는 좋은 방법이 될 수 있습니다. 실수를 줄이려고 연습하는 과정에서 내 행동을 더욱 잘 의식할 수 있기 때문입니다.

몸으로 자신을 알아차리는 연습이 기본적인 자기 성찰을 단련시켜 줄 수 있습니다. 하지만 실수를 줄이기 위해 자신을 너무 의식하려고 신경 쓰다 보면, 무디고 둔하던 사람도 예민해질 것입니다. 극단적으로 예민해지지 않도록 자신이 감당할 정도의 강도로 연습해 실수를 개선해야 합니다.

어린 시절에 실수를 용납하지 않는 환경에 자주 노출되면 지나치게 예민한 사람이 될 수 있습니다. 자기 행동에 문제가 있을까 봐 눈치를 보고 자존감이 낮아집니다. 또 작은 자극에도 크게 반응해 모두를 놀라게 하는 폭력적인 사람이 될 수 있습니다.

이런 부작용이 일어날 수 있는 환경이라면 악기를 전공했어도 자기 성찰이 어렵습니다. 물론 어린 나이에도 실수를 용납하지 않는 그런 환경을 오히려 즐기고 감당해 내는 이들이 있습니다. 우리는 그들을 타고난 천재라고 부릅니다. 흔한 경우가 아니라는 뜻입니다.

실수를 개선시키고자 할 때는 연습 횟수보다 구체적인 목표를 과제로 주는 게 효과적입니다. 예를 들면, 특정 부분을 연주할 수 있게 해 오라고 합니다.

"다른 부분은 몰라도 이 마디만큼은 눈 감고도 칠 수 있게 연습해 올래?"

그리고 어느 순간이 되면 천천히 이런 목표 설정을 학생에게 위임합니다.

"어느 부분에서 연습이 더 필요하다고 느껴지니?" 또는 "왜 그렇게 생각해?"라는 질문만으로도 충분히 학생은 목표를 정할 수 있습니다. 내가 어디를 교정할지 모르는 상태로 벌을 서듯 하는 반복 연습은 우리를 향상시키지 못합니다.

잘못된 방향

밀폐된 실내 공간에서 이상한 냄새를 맡고 얼굴을 찡그렸어도, 그곳에 오래 머물러 있으면 아무 냄새가 나지 않습니다. 이상하다고 여겼던 냄새가 더 이상 이상하지 않게 됩니다. 의식에서 사라져 버리는 것이죠.

앞서 촉각에서도 피부에 무언가 닿아 있는 시간이 길어질수록 그 접촉이 의식에서 사라진다고 얘기한 바 있습니다. 옷을 입고 있어 옷에 닿아 있지만, 그 부위의 촉각이 잠들어 버리는 것이죠. 내가 지금 어떤 모습으로 있는지 잊어버립니다. 더 이상 냄새가 나지 않을 때, 더 이상 접촉을 의식하지 못할 때처럼 똑같은 일이 일어납니다.

후각도 촉각처럼 환기 작업을 해야, 이상하다거나 '아! 이게 바로 그것이구나!'라는 기억을 되살리고 감지합니다. 누군가가 이상한 냄새를 맡지 못하고 있으면 옆의 사람이 알려 줘야 할 것입니다. 그렇지 않으면 우리 후각은 계속 마비되어 있을 것입니다.

학생의 잘못이나 실수를 바로잡아 주는 선생님 역할이 바로 그런 것입니다. 또 조직 내에서 정기적으로 하는 감사監査 역시 그런 역할을 합니다. 무의식적으로 그릇된 방향으로 흘러가는 상황을 의식하게 만들어 줍니다.

담배 냄새를 싫어하는 저는 누군가가 (시각의 도움으로) 연기 나는 담배를 손에 들고 있으면, 그 옆을 지나갈 때 의식적으로 호흡을 잠시 멈춥니다. 예전에는 무방비 상태로 냄새를 맡아 버렸지만, 이제는 잠시 멈추고 판단하고 차단합니다. 이것이 후각이 마비되기 전에 할 수 있는 행동입니다. 이상 기운을 감지하고 멈춰 서서 차단하기! 기억하시기 바랍니다.

교육 환경에서 교사의 후각적 기능은 중요한 역할을 합니다. 우리는 후각으로 냄새를 맡습니다. 냄새를 맡는다는 것은 숨을 들이마신다는 뜻이고, 그것은 호흡을 통해 가능합니다. 만일 호흡에 문제가 있다면 냄새도 맡을 수 없을 것입니다. 격렬한 운동을 하거나 명상을 하는 특별한 경우를 제외하고는 호흡을 잘 의식하지 않습니다. 그래서 알베르트 수스만은 냄새 맡는 일 자체가 무의식중에 일어난다고 했습니다.

호흡이 이뤄진다는 것은 호흡기관을 가진 생명체의 생존 증거가 됩니다. 하지만 호흡을 매순간 의식하며 살지 않기에 우리의 삶이 무의식적으로 흘러가기 쉬운 처지에 놓여 있습니다. 살아 있기는 하지만 능동적으로 살아가는 것은 아닙니다. 그런 경우 감당하기 힘든 사건이 터진 뒤에야 '내가 어쩌다 이렇게 됐을까?(부정적인 의미로)'라고 자문하며 원인을 찾기 위해 의식적으로 복기를 합니다.

중학교 시절에 저의 취미는 클래식 피아노 음악 감상이었습니다. 음악을 감상하면서 '저 곡을 연주하고 싶다'는 막연한 꿈을 꿨습니다. 그런데 그 곡을 내 연습곡으로 선택해야지라는 생각을 하지 못했습니다. 당시 피아노를 배울 때 연습곡은 선생님이 선정하고 제시했습니다. 너무 당연했고 자연스러운 일이었습니다. 강압적인 것이 아니었기에 의문조차 갖지 못했죠. 시중에 판매되는 교재를 목차대로 연습하는 것이었고, 모든 학생은 거의 같은 곡들을 동일한 순서로 배울 뿐이었습니다. 그러니 정확하게 말하면 선생님이 제시하는 것도 아니었습니다.

선택지가 없고 그것을 할 수밖에 없다면 그것을 선택이라 하지 않습니다. 선택권이 없으면 책임에서 멀어집니다. '살아 있으나 능동적이지 않은' 편리함 뒤에는 무책임함이 숨겨져 있습니다. 교사와 학생 모두가 그랬던 것입니다.

피아노 교재의 목차를 그대로 따르는 교사는 학생을 그 교재에 맞춰 가르치는 것이 책임이라 혼동했을 것입니다. '진도 나간다'라는 말의 실상은 교재의 악보대로 계이름을 읽는 행위에 매여 도장 깨기 하듯 피아노를 치고 지나가는 것이었습니다.

음의 움직임을 더 잘 듣고 느낄 수 있게 하는 것이 아니었습니다. 결국 음악을 배우지 않은 것과 같은 상태입니다. 그 시간 동안 과연 누구의 삶을 산 것이고, 누구를 위해 산 것일까요? 무의식적으로 살면 아무도, 아무것도 선택하지 않게 됩니다.

본격적으로 피아노를 배우기 시작하면서 저는 제가 원하는 곡을 선택했습니다. 그리고 선생님이 추천하신 곡과 번갈아 연습했습니다. 그때 알게 된 중요한 사실이 있습니다. 내가 선택한 곡을 연습해야 연습 시간이 즐겁고, 기술도 빠르게 향상된다는 것입니다. 내가 '선택'한 곡을 연주함으로써 나를 더 능숙하게 잘 표현할 수 있게 됩니다.

자기 호흡으로 살아가기

저는 피아노를 처음 배우는 학생에게 먼저 연주해 보고 싶은 곡이 있는지 묻습니다.

교사 피아노로 연주해 보고 싶은 곡이 있니?

학생 음… 터키 행진곡(모차르트 「피아노 소나타 K.331, 3악장」) 이요.

교사 그래. 그 곡은 어떻게 알게 됐는데?

학생 그냥… 애들이 치는 거 봤는데 해 보고 싶어요.

교사 그래! 그럼 그 곡을 칠 수 있게 하나씩 준비해 보자.

처음 시작하는 학생이라면 터키 행진곡을 연주할 수준이 아닐 뿐더러, 그 희망사항은 또래 아이들의 욕망을 자신의 것으로 혼동한 것일 수 있습니다. 그럼에도 위의 질문을 받는 순간 학생은 '나는 무엇을 하고 싶은가'를 생각하게 됩니다. 즉 '나'에 대해 생각합니다. 그 질문을 받는 순간은 잠시 멈춰 나를 보게 됩니다.

어떤 사람은 "그런 생각은 안 해 봤는데…"라고 말합니다. 학생이 아닌 성인에게도 쉬운 질문이 아닙니다. 대부분 "한 번 생각해 보겠다"도 아니고 모르겠다며 대답을 포기합니다.

그 질문은 자신과의 직접적인 접촉을 요구하는 질문입니다. 마치 "당신은 누구로 살고 있습니까?"라는 질문과 같습니다. 자신을 회피하며 사는 사람들에게 이 질문은 난제입니다. 정체성을 묻기 때문입니다.

남을 따라 하는 것은 편리합니다. 나로 살아야 하는 수고로움을 덜어 주죠. 이런 질문을 받고 나서야 누군가에게 의존해 살고 있었음을 의식하게 됩니다. 원하는 곡을 묻는 질문에 기다렸다는 듯 빠르게 대답하는 학생들이 있는가 하면, 그렇지 못한 학생들이 더 많습니다. 이 질문이 매우 어렵다는 것을 알기에 저는 대답할 시간을 넉넉히 줍니다. 다음에 배울 곡을 스스로 찾을 수 있게 한 달 정도 고민할 시간을 줍니다.

아직은 아는 곡이 없어서 잘 모르겠다고 하면 언제든 원하는 곡이 생겼을 때 알려 달라고 말해 줍니다. 그리고 배우는 중간중간에 같은 질문을 자주 합니다. 이렇게 해서 교재와 그 목차는 학생마다 다르게 만들어집니다. 자신만의 호흡으로 삶을 능동적으로 이끌어 가는 것이 무엇인지 본보기로써 경험할 수 있습니다.

물론 기본적으로 꼭 배워야 할 곡들은 교사로서 제시해 주고, 그 외의 곡들은 학생 선택에 맡깁니다. 자신이 원하는 곡을 가져와 연습하는 학생은 본인 수준보다 난이도가 높은 곡도 어떻게든 연습하려 하고 결국 완성해 냅니다. 이런 식으로 자신의 선택에 책임이 따라가게 됩니다.

생각할 시간을 주었는데도 부모가 골라 주는 곡을 가져오기도 합니다. 그런 학생의 경우 연습 진행 속도는 유난히 더딥니다. 이런 식으로 책임에서 멀어지게 됩니다. 부모 입장에서는 자녀가 갈피를 못 잡고 물어오니 빨리 답을 주고만 싶어집니다. 그것도 부모의 취향으로(사실 부모의 취향이 아닐 가능성이 매우 높죠) 선택한 곡으로 말이죠. 그보다는 답을 찾아가는 시간을 함께 보내도록 하십시오. 그것이 자녀의 자립성을 길러 줍니다.

막연한 시간을 견뎌 보지 않은 아이는 성인이 되어서도 자립성이 떨어지고 권위자들에게 의존합니다. 권위자들만 찾아다니는 수동적인 삶의 굴레에서 벗어나기 어려울 수 있습니다.

아직 아는 곡이 없고, 또 원하는 곡은 있지만 익혀야 할 기술이 필요한 경우에는 교사를 따라야 합니다. 하지만 이때에도 학생 자신의 호흡은 중요합니다.

학생 선생님, 우리 반 애들은 체르니 100을(연습곡) 순서대로

배우더라구요. 근데 저는 뒤로 갔다 앞으로 갔다 하잖아
요. 그러니까 애들이 이상하게 생각해요.

교사 너는 어떠니?

학생 저는 저한테 필요한 걸 찾아 배우는 것 같아서 좋아요.

이렇게 체르니 100을 배우는 학생들을 관찰합니다. 그리고
속도감 있고 어려운 기술이 필요한 곡보다, 잔잔한 에드워드 엘
가Edward Elgar(1857-1934, 영국의 작곡가)의 소나티네를 건넵니다
(여러 악장으로 이뤄진 기악곡을 소나타라 하고, 그 규모가 작고 짧은 소
나타를 소나티네라 한다).

엘가는 「위풍당당 행진곡」으로 유명한 작곡가입니다. 설령
작곡가 이름과 그 곡명이 생소해도 그의 행진곡을 한 번 들려주
면 학생들은 아는 곡이라며 바로 알아차리고 반가워합니다. 그
유명한 행진곡의 일부가 아주 짧지만 학생들에게 건네준 소나
티네에서 재현되고 있다는 것이 중요합니다. 그것 때문에 학생
들이 더 반가워하는 것입니다. 그렇게 배우면서 학생들은 무언
가를 발견하게 됩니다.

학생 선생님, 저는 이 곡을 꼭 잘 치고 싶어요.

교사 왜?

학생 (악보의 특정 부분을 가리키며) 여기가 너무 아름다워서 잘
    치고 싶어졌어요.

첫 선택은 교사가 했더라도 그 선택 뒤에 적극적으로 살아 숨
쉬는 것은 학생의 몫입니다. 이래라 저래라 수많은 지시들로 인
해 학생은 자신의 호흡으로 숨 쉬는 법을 잊어버릴 수 있습니다.
그렇게 판단력도 같이 흐려집니다.

아름답다고 표현하는 학생의 직접적인 표현은 교사에게 '저
는 이런 것을 좋아해요. 다음 곡을 고르실 때 참고해 주세요'라
는 힌트가 됩니다.

권위와 맹신

평소 수업 시간, 학생들 눈에는 교사가 월등하고 대단한 존재로 느껴집니다. 자신은 구사할 수 없는 기술을 그 자리에서 바로 선보이기 때문입니다. 또한 자기가 알지 못하는 지식을 알려주는 인생의 대선배이기 때문입니다. 이것은 정당한 권위라 할 수 있습니다.

그런 권위에 믿음이 쌓이다가 자연스레 맹신하게 되는 경우가 더러 있습니다. 교사가 인격적으로, 능력적으로도 성숙하다면 학생의 전적인 신뢰는 둘 사이에 더없는 시너지 효과를 냅니다. 교사는 더 깊은 가르침을 주려는 노력을 하게 되고, 학생은 그 깊이 있는 배움에 적극적으로 변하기 때문입니다.

하지만 인격적으로, 능력적으로 미성숙한 교사를 학생이 맹신하는 경우 심각한 문제가 발생합니다. 미성년자인 학생이 그것을 알아차리기는 쉽지 않습니다. 따라서 교사나 권위 있는 위치에 있는 사람들에게 도덕성은 필수적으로 요구됩니다.

후각은 실수를 바로잡을 때 기능하기에 도덕성과 연결됩니다. 잘못 흘러가는 것을 알아차리고, 멈추게 해서 "이것은 아니다!"라고 말할 줄 아는 양심이 교사에게 있어야 합니다. 그래야 학생이 잘못된 길로 가지 않도록 돕는 조력자 역할을 할 수 있습니다.

피아노 수업에서 학생들은 악보보다도 교사를 믿습니다. 연주 도중에 학생들은 자기가 제대로 하는지 확신이 들지 않으면, 손은 건반 위에서 움직이지만 고개를 돌려 교사의 표정을 살핍니다. 그 정도로 의지하고 때로 눈치를 볼 정도로 교사를 신뢰합니다. 저는 그럴 때 학생을 바라보며 "아무리 쳐다봐도 선생님 얼굴에는 음표가 없어요"라고 농담을 건넵니다. 그리고 맞았는지 틀렸는지 직접 확인하라고 말해 줍니다. 자신에게도 판단할 수 있는 힘이 있다는 것을 알려 주기 위함입니다.

우리가 가르치고 배우는 이유는 무엇일까요? 잘 생각해 보시기 바랍니다. 교사나 권위자에게 의존하는 사람들이 늘어나는 것이 교육이나 치료의 목적은 아닙니다. 교사에게 의지할 정도로 믿음을 준 뒤 길들여서 결국 교사와 그의 말을 맹신하게 만드는 것은 학생의 자아를 훔치는 일입니다.

이 사회가 대중을 통제하고 싶을 때 권위자들을 이용하는 이유가 여기에 있습니다. 이것은 위험합니다. 권위자에게 순종하는 사람을 길러 내는 것이 교육의 참목적이 아닙니다. 교사가 잘못하고 실수할 때 그것을 짚어 낼 수 있는 사람을 길러 내는 것이 중요합니다. 물이 고여 썩지 않도록 방지할 수 있습니다.

저는 수업을 하면서 기쁠 때가 제 실수를 학생이 알 때입니다. 가끔 하는 실수이지만 실수 자체는 기쁘지 않고 반성을 많이 합니다. 제가 지적한 부분이 틀려서 학생이 "아닌데요, 이게 맞는데요!"라고 말할 때, 스스로 판단할 수 있는 학생이 있다는 사실에 기쁩니다. 제 실수는 당연히 바로 사과합니다.

어떤 때는 학생이 실수하고 나서 선생님의 실수가 아닌지 의문을 제기합니다. 그때는 하나씩 같이 확인을 해 자신의 실수를 알게 해 줍니다. 하지만 이런 일이 반복되면 학생들은 점점 의문을 제기할 자신이 없어집니다. 어느 순간 교사가 콩을 팥이라 해도 그대로 믿어 버리는 일이 벌어집니다. 급기야 학생이 맞게 연주하다가 실수하는 교사를 따라 틀린 연주를 합니다. 저는 항상 다음과 같이 말해 줍니다.

"선생님도 사람이라 가끔 실수할 수 있어. 그러니 네가 느끼기에 확실하지 않아도, 선생님이 틀린 것 같으면 같이 확인해 보자고 말하도록 해."

같이 확인한 후에 학생이 실수한 것이면 꼭 이렇게 덧붙입니다.

"이번에는 네가 실수했지만 그런 자세는 반드시 필요해. 네가 얘기하길 잘한 거야."

저 전공하고 싶어요

많은 부모들이 교사나 전문가가 "아이가 이 길로 가는 걸 진지하게 생각해 보세요"라는 피드백을 받기 전에는 잘 움직이지 않는 경향이 있습니다. 전문가의 피드백이 없더라도 당사자가 정말 하고 싶은 것이면 해 볼 수 있는데 말입니다. 대체로 전문적인 재주는 타고난 천재성보다 시간을 쏟아부어 얻은 결과입니다.

좋아하기 때문에 잘하고 싶은 의지가 생기고 그것에 시간을 내는 것입니다. 전문가의 피드백이 없다고 꼼짝 않고 지내는 것은 자아감각을 사용하지 않는 것입니다. 물론 자녀가 원하지도 않는데 부모 욕심에 무언가를 추진하는 것은 자제해야겠지요. 하지만 실력이 부족해도 아이가 "저 전공하고 싶어요"라는 의사를 밝힐 수 있습니다.

토를 달지 않는 말 잘 듣는 사람으로 길러 낼 것인가, 의사 표시를 잘할 수 있는 사람으로 길러 낼 것인가, 이 문제는 내 자아를 타인에게 맡기느냐, 상대와 동등한 위치에서 관계를 맺느냐의 문제이기도 합니다.

피아노 수업에서 재주의 싹이 보이는 학생을 보면 교사는 더 많이 가르치고 싶은 욕심이 생깁니다.

"네가 실력이 꽤 괜찮은데 네가 간절히 원해야 연주 공부를 할 수 있어. 그러니 본격적으로 공부하고 싶은 순간이 오면 언제든지 얘기 해."

위의 말은 학생에게 "너는 전공해야 돼"라는 당위성을 주는 말보다 훨씬 열려 있습니다. 따라서 자기 삶에서 주체적인 결정을 할 수 있게 돕습니다.

내 삶의 무언가를 결정하는 데 타인에게 의존하는 것은 자기 삶에 대한 책임 회피이고, 내 소중한 자아를 버리는 일입니다. 스스로 생각하기를 포기할 때 내 자아를 남에게 넘겨주게 됩니다.

건강한 자아를 가진 사람은 타인을 돕는 행위와 타인을 의존적으로 만드는 행위를 구분할 줄 압니다. 그것을 구분하지 못하면 자신도 모르는 사이에 타인을 의존적으로 만듭니다. 나를 진심으로 돕는 사람은 나를 의존적으로 만들지 않는다는 점을 잊지 마시기 바랍니다. 아이가 자립적일 수 있게 돕는 것이 진정한 교육입니다.

자아감각은 내가 독립된 자아를 지닌 인격체임을 인지하는 감각입니다. 동시에 타인을 독립된 자아의 인격체로 상대하는 데 필요한 감각입니다. 자아감각이 잘 기능하지 못하면 내 자아가 타인의 것이 되거나, 내가 타자의 자아를 휘두릅니다. 내 자아가 타인의 것이 되면 옳고 그름도 분간하지 못한 채 시키는 대로 행동합니다.

고학력자, 권위자, 성공한 사람들 중에는 자신의 결핍을 채우기 위해 타인을 조롱하듯 조종하는 사람들이 있습니다. 그들의 채워지지 않는 결핍 때문에 다수의 자아를 이용해 돈, 명예, 애정과 관심, 권력 등 많은 것을 가지려고 합니다. 그들은 문제 해결에 매우 직접적인 방법을 제시해 사람들이 계속 자신에게 의존하게 만듭니다. 스스로 생각하는 법을 잊어버리게 만듭니다.

연주회, 진지한 체험의 장

저는 올해 처음으로 학생들과 함께하는 연주회를 시작했습니다. 연주회가 학생을 전시하는 행사가 되지 않도록 신경 쓰는 몇 가지가 있습니다. 학생과 그의 노력을 전시하는 게 때로는 폭력성을 띠기 때문입니다. 폭력성을 띠는 이유는 첫째, 학생이 사람들 앞에 드러내기를 원하지 않는데 의무 과정의 마무리로 전시되어야 한다는 점에서 그렇습니다. 세상에 자기를 직접 드러내지 않아도 잘 사는 사람들이 있는가 하면, 반드시 사람들 앞에 서야 한다는 압박감을 갖고 사는 사람들도 있습니다.

다른 사람들을 만족시키며 사는 사람들은 자신도 모르게 주변의 약자들을 이용합니다. 그런 사람들로 인해 원하지 않는데 전시되어야 하는 학생들은 부모와 지도자를 만족시키는 역할을 할 수밖에 없습니다. 학생은 지도자를, 지도자는 학생을 데리고 그의 부모를 만족시키려고 합니다.

둘째, 연주회가 배움의 목적이 되어 주객이 전도됩니다. 전시하고자 하는 주체가 자신을 빛내기 위해 학생들을 꼭두각시로 만듭니다. 배움의 목적은 누군가를 만족시키기 위한 것이 될 수밖에 없습니다.

저는 다음의 원칙이 있습니다. 연주를 하고 싶은지 묻고 학생이 생각할 시간을 줍니다. 사람들 앞에 서고 싶지 않다고 표현하는 학생에게는 더 이상 연주회 이야기는 꺼내지 않습니다. 음악 수업에 집중하게 합니다. 그 학생은 아직 사람들 앞에 설 정도로 내적으로 단단하지 않은 것입니다. 따라서 보호할 의무가 있으므로 그의 표현을 존중해 줘야 합니다.

아프거나 다치는 일이 잦은 학생들의 경우도 마찬가지입니다. 그런 일이 자주 벌어지는 데는 그들의 고의성은 없지만 결코 우연이 아닙니다. 나이를 불문하고 심리적으로 관심과 돌봄이 더 필요할 때, 무의식적으로 자주 부주의해집니다. 결국 아프거나 다치게 됩니다. 그리고 이것이 자기 책임을 회피하는 기회로 작용합니다.

아이가 아프면 부모에게 갓난아기처럼 굴 수도 있습니다. 하지만 자주 그러면 아이는 부모와의 관계에서 퇴행적인 태도를 보입니다. 이런 경우 많은 사람들 앞에 아이를 노출시키기 전에 안전하고 건강한 1:1 관계를 경험하게 해 주는 것이 먼저입니다.

이런 학생에게는 연주회를 원하는지 아예 물어보지 않습니다. 의존하지 않아도 안전하게 보호받을 수 있다는 것을 알게 될 때까지, 조금 더 클 때까지 기다립니다. 그래야 수업도, 연습도 잘할 수 있습니다.

아이와 부모의 관계가 퇴행적이 되는 경우는 특이할 만한 가정불화가 없는 집에서도 일어납니다. 이런 퇴행적 관계를 맞이하면 마치 평화가 찾아왔다고 착각합니다. 그때는 그들이 집착과 반항이라는 격렬한 관계성을 띠지 않기 때문입니다. 그들은 서로가 서로에게서 분리되고 싶지 않은 것입니다.

이런 상태에 있는 학생은 사람들 앞에 홀로 서는 것이 두렵습니다. 자녀가 빨리 독립하기를 바라는 엄마일수록 자녀와 떨어질 것에 대한 두려움이 무의식중에 크게 자리하고 있습니다. 코끼리를 떠올리지 말라고 하면 그 방법을 생각하느라 머릿속에 온통 코끼리만 떠올릴 수밖에 없듯이 말입니다. 떠올리지 말아야 한다는 핑계는 코끼리를 더 붙들고 있으려는 무의식적인 합리화입니다.

결국 연주회에 참여 의사를 표현하는 학생들은 재능으로 그러는 것이 아닙니다. 오히려 재능 있는 학생들이 부모와의 관계가 퇴행적인 경우가 많습니다. 저는 그것을 성인이 된 음대생들 중에서도 보았습니다. 그들은 부모가 자신을 아기처럼 대하기를 원합니다. 따라서 능력을 다 발휘하면 안 된다는 무의식적인 합리화가 그들에게 자리 잡습니다. 그래서 재능은 있는데 연습을 하지 않습니다.

연주회에 참여 의사를 표현한 학생들은 타인을 만족시켜야 한다는 부담감 없이 음악이 좋다는 이유로 연습합니다. 연습이 소중할 수밖에 없고 실력이 늘 수밖에 없습니다. 그러니 준비 과정에서 어떤 압박을 할 필요도 없습니다. 교사도 같은 연주자로서 연주회에 참여하기 때문에, 학생들은 자신들과 동등한 위치에서 교사를 바라보게 됩니다.

그들은 교사가 실수하고 교정해 나가면서 연습에 집중하는 모습을 보게 됩니다. 그런 교사의 모습을 보며 학생들은 알게 됩니다. 선생님은 선생님의 연주를 해야 하고, 내 연주는 선생님이 대신할 수 없는 내가 해야 할 일이라는 것을 말이죠.

이제 학생들은 교사에게 의존하는 것이 아닌, 큰 틀에서 주어지는 교사의 지침을 참고하며 자신의 연주회를 준비합니다. 연주회 준비는 자기만족이 무엇인지 배우는 과정이기도 합니다. 이로써 연주회는 학생을 전시하는 장이 아닌, 진지한 직업 체험의 장이 됩니다.

교사가 다그치거나 매달리지 않았기 때문에 학생들의 연주 실력은 자신들의 실력입니다. 조바심을 내며 다그치고 몰아내고 나서 얻는 결과는 교사가 아닌 조련사의 실력입니다. 자녀나 학생은 어른들의 자아실현 도구가 아닙니다.

저는 학생들이 제 스타일을 따라 연주하는 것을 경계하며,

자신의 스타일을 구축할 수 있게 다음의 질문들을 하곤 합니다.

"이 부분은 어떻게 연주하고 싶어?"

"도돌이표를 연주하는 게 좋겠어?"

"여기는 흐름상 강조를 하긴 해야 되는데, 갑자기 작은 소리로 강조하는 것과 크게 강조하는 것, 둘 다 직접 연주해 보고 네마음에 드는 걸 골라 봐."

학생들은 그 자리에서 시도해 보고 적극적으로 대답합니다. 그로써 각자 자기에게 집중한 결과물이 만들어집니다. 교사와 학생 모두 평가로부터 자유로워집니다. 따라서 수준 높은 연주를 할 수 있고, 자신에 대한 만족감을 느낄 수 있습니다.

시험처럼 강제 장치가 없으면 공부할 생각을 하지 않는 사람은 시험이 없으면 동기도 없습니다. 경쟁률이 높은 음대에 힘들게 입학했는데 입학과 동시에 "드디어 이제 시작이다!"가 아니라 "이제 끝났다!"가 되는 학생들이 많습니다. 그래서 연습과 담을 쌓습니다. 연습을 해야 한다는 동기가 사라졌기 때문입니다. 자신을 위한 자기 안에 있어야 할 동기가 없는 것입니다.

연주회가 끝난 뒤에도 대화를 많이 나누는 것이 좋습니다. 그러면 연주회를 하기 전과 하고 나서의 학생들의 감정과 상태를 알 수 있습니다. 한 번 도전해 봤는데 고통스러워 다시는 하기 싫다고 할 수도 있고, 다시 한 번 하고 싶다고 말할 수도 있을 것입니다. 다시는 하고 싶지 않다는 경우는 실제로 전공하는 이들에게서 많이 나타납니다. 안타깝기는 해도 자기 욕망을 탐색하는 과정에서 얼마든지 일어날 수 있는 일입니다.

연주회만이 연습을 위한 동기로 작용한다면 연주하는 것이 설레이고 즐거울 수가 없습니다. 좋아서 하는 활동이 꼭 해야 하는 의무가 되는 순간 더 이상 즐겁지 않게 됩니다.

저는 이번에 연주회를 함께 한 학생들 대답이 모두 똑같아 매우 놀랐습니다. 피아노를 치는 것 자체가 좋다고들 하는 것입니다. 이것은 교사나 부모가 시킨다고 되는 일이 아닙니다. 자기 호흡으로 살아간다는 것은 바로 이런 것입니다. 피아노 연주회에 참여하지 않아도 상관없습니다. 내 방에서만 연주하고 싶어도 자기 호흡으로 살 수 있으면 그것으로 충분합니다.

오케스트라 수업, 필수일까?

단체 활동을 선호하지 않는 사람들이 있습니다. 그들 중에는 단체의 평균적인 수준에 못 맞출까 봐 크게 걱정하는 사람들도 있고요. 어떤 특정 활동을 하지 않으리라 마음먹은 사람이 있다면, 그는 그것을 하지 않고 살아갈 다른 방법을 찾아냅니다.

예를 들어, 의무 교육 기간 12년 동안 단체 생활에 신물이 난 사람이 있다고 가정해 봅시다. 단체 내 사람들이 의욕이 없거나 우유부단해 늘 혼자 일을 진행시켰을 수 있고, 아니면 늘 그들에게 맞추느라 자신을 마음껏 표현하지 못했을 수 있습니다. 또 경쟁을 부추기는 분위기는 아니어도 자연스레 비교하게 되어, 따라가기 버거운 자신에 대해 열등감이 커졌을 수 있습니다.

지긋지긋한 단체 생활 끝에 그는 마침내 혼자 일하면서 살 수 있는 방법을 찾아 나섭니다. 그런 그에게 윤리적 잣대를 들이대는 것은 무리입니다. 과거처럼 단체에서 스스로를 소외시키고 괴롭히는 혼란을 겪기보다, 혼자라서 일어날 일들을 기꺼이 감당하기로 선택한 것이기 때문입니다.

만약 그의 부모가 사회성을 오해하고 단체 생활에 대한 강박관념을 갖고 있다면 문제는 심각해집니다. 부모가 그에게 단체 활동을 하도록 강요했고, 이에 피로감과 좌절감을 느끼는 그는 자신이 능력이 없는 것이라고 단정 지을 수 있기 때문입니다. 아이가 부모의 견해(엄밀히 말하면 부모 자신의 견해도 아닌)에 크게 영향을 받을 정도로 자립적이지 못하면 더욱 그럴 수 있습니다.

그는 학교 졸업 후 자기 방에서 한 발짝 나서는 게 힘들어질지 모릅니다. 취업도 하고 결혼도 하지만 학창 시절에 겪은 단체 생활의 고통이 직장과 가정에서 반복됩니다. 사회로 나갔다가도 쉽게 좌절하고 포기하고 다시 자기만의 방으로 돌아옵니다. 단체 생활이 살 길이라 생각하니 그는 살 수가 없다고 여기는 것입니다. 밖에서 인격적으로 문제가 있는 사람들을 만나 그렇게 되는 단순한 이유가 아닙니다.

사회성에 대해 우리는 다시 생각해 봐야 합니다. 우리 주변에는 어리석은 짓을 단체로 하는 사람들이 있습니다. 또 혼자 있을 자신이 없어 집단에 숨는 사람들도 있습니다. 물론 우리는 혼자 살 수 없습니다. 타인과 상호 작용하는 능력이 생존에 꼭 필요하다면 먼저 안전한 1:1의 관계를 맺을 수 있어야 합니다. 한 사람 앞에서 나를 충분히 표현하는 것부터 익혀야 합니다. 초등학생뿐 아니라 중고등학생도 마찬가지입니다.

그런 학생이 만일 악기를 다루고 싶어 할 경우 단체 활동인

오케스트라 수업보다 개별 악기 수업이 도움이 됩니다. 그에게 는 준비된 상태에서 서로 맞춰야 하는 오케스트라 수업이 두렵 고 자신 없기 때문입니다.

세상은 단체 생활로만 사는 것은 아닙니다. 단체로부터 협력 요청을 받거나, 1:1로 작업하는 독자적인 길을 가는 사람들도 많 습니다. 혼자서도 잘 사는 사람이 여럿과도 잘 살 수 있다는 말 을 들어 보셨을 것입니다. 사회생활 부적응자, 사회성 부족은 단 체 활동이 부족해서 생기는 것이 아닙니다. 안전한 1:1 관계를 충분히 경험하지 못해서 생긴 결과입니다.

모여 있다고 안전한 것이 아닙니다. 각 가정을 들여다보면 그 런 현실을 종종 목격합니다. 모여서 부정하고 강요하는 곳은 사 회성이 결핍되어 있습니다. 사회성은 타인과 상호 작용하는 능 력입니다. 사회성이 결핍되어 있는 가정일수록 단체 생활과 친 구 숫자에 집착합니다.

함께 맞춰 가며 살아간다는 말은 아름답습니다. 그러나 자신 감을 더 키우는 것이 우선인 학생에게 타인과 맞춰 보는 작업부 터 시킨다면, 다른 누군가의 환상을 채우는 일일 뿐입니다. 환상 적이고 아름다운 하모니를 경험할 수 있는 오케스트라 수업에 참여하는 일이 어른들의 사욕에서 비롯된 선택이 아니어야 합 니다. 오케스트라 연주의 아름다움을 알고 단원이 되고자 하는 학생 자신의 선택이 되어야 할 것입니다.

내 자아를 남에게 양도한 채로 누군가를 가르치거나 배울 수 없습니다. 그 상태로 가르치거나 배울 때는 서문에서 언급한 내가 배운 것들이 나에게 어떤 영향을 미쳤는지, 어떤 이점이 있는지 알지 못합니다. 그저 주입되었을 뿐인 수동적인 사람들에 의해 교육의 방향과 초점이 왜곡됩니다.

이 사회의 교육 구조가 문제인지, 내 자아를 책임지기 두려워하는 것이 문제인지 우리는 질문해 봐야 할 것입니다. 자아감각을 잃고 왜곡시키지 않는다면 공교육이든, 대안 교육이든 훌륭한 교육이 될 수 있습니다.

고민하는 것이 평소에 습관이 되어 있지 않으면,
고민해야 할 일이 생겼을 때 골치가 아프다며 거부하게 됩니다.
공부하는 습관이 없다는 것은
고민하는 습관이 되어 있지 않다는 것입니다.

2장

생명감각, 사고감각

악보 해석하기

악보를 해석할 수 있는 것은 공부한 결과입니다. 그러나 악보의 계이름이나 음표의 길이 등 시각 정보를 읽을 줄 아는 것은 공부의 결과가 아닙니다. 단순 암기로 상식을 가진 것뿐입니다. 단순 학습자와 공부한 사람의 연주를 들려 드릴 수 있다면 더 설득력이 있겠지만, 지금 여기서는 그럴 수 없으니 그 차이를 상상하실 수 있도록 설명을 해 보겠습니다.

단순 학습자는 악보를 보고 계이름이 무엇인지 파악하기 바쁩니다. 반면 악보 공부를 할 줄 아는 사람은 음표들이 어느 방향으로 진행되는지, 처음 시작한 음이 어떻게 전개되는지, 음의 길이는 어떻게 다른지, 왜 거기에 쉼표가 있는지 파악하는 데 집중합니다. 작곡가의 의도를 알아내고 그 표현들을 느끼려는 작업에 집중합니다.

물론 후자가 악보를 가지고 이렇게 공부다운 공부를 하기 위해서는 전자의 과정을 거칠 수밖에 없습니다. 악보 없이 초보자를 가르칠 수 있는 교사를 만난다면, 음과 음의 움직임을 느낄 수 있는 공부부터 할 수 있을 것입니다. 그러나 그 과정에서도 어느 순간이 되면 악보를 읽을 줄 알아야 합니다. 곡이 길수록 다 기억하기 어려울 테니까요.

단순 학습 단계에서는 악보를 보는 순간 단번에 계이름이 눈에 들어오지 않습니다. 악보가 눈에 잘 들어올 때까지 악보 보는 연습을 반복합니다. 손으로 더듬지 않고 건반을 바로 바로 짚을 수 있기까지의 과정은 마치 밑 빠진 독에 물 붓는 것처럼 느껴질 것입니다. 하루아침에 해결되지 않기 때문입니다.

교사 입장에서는 이 불편함을 감내할 수 있는 학생에게만 악보를 해석하는 방법, 공부할 수 있는 방법을 전할 수 있습니다. 그들은 뛰어난 학생들이 아니라 요행을 바라지 않는 학생들입니다. 피아노를 공부할 줄 알게 되면 연주자가 되거나, 피아노를 통해 이미 공부다운 공부를 했던 그 경험으로 다른 공부도 할 줄 알게 됩니다. 하지만 단순 학습자들은 진짜 공부가 시작되려고 할 때 배움을 멈춥니다.

악기 교육을 받는 사람은 모두 악기에 관해서만 공부다운 공부를 하라는 말이 아닌, 공부의 과정을 이야기하려는 것입니다. 불편함을 감내하고 연습을 해서 원하는 수준에 도달하면 그때부터 고통은 사라집니다. 대신 더 깊은 배움으로 들어갈 수 있고, 드디어 진정한 공부가 시작됩니다. 이것이 바로 배움의 즐거움입니다.

저는 단지 건반만 두드리던 단순 학습자 수준에서 처음 '음악적' 배움의 수준으로 들어가던 때를 잊지 못합니다. 감동 그 자체였습니다. 그때의 놀라움은 말로 표현할 수 없습니다. 계이름을 건반에 그대로 옮겨 두드리는 것이 아닌, 음을 듣고 표현하는 일이 경이로웠습니다. 이렇게 재미있는 것을 이제야 열여덟 살이 되어 처음 알다니, 한편으로는 너무 속상하고 안타까운 마음이었습니다. 그만큼 그 공부가 더욱 소중해졌습니다. 연습이 힘들어도 그 감동에 매료되어 마치 새벽 등산하듯 힘든 것도 잊고, 피아노 앞에 긴 시간 앉아 있을 수 있었습니다. 공부가 재미있으려면 고통의 시간이 선행되어야 합니다.

우리가 편안함이나 고통, 불편함 등을 느끼는 감각이 생명감각입니다. 산을 오르면서 힘들다고 느낄 때, 시험을 보면서 너무 어렵다고 느낄 때, 그때 생명감각이 기능하는 것입니다. 생명감각을 단련해 기초적인 생활력을 만들 수 있습니다. 생활력은 생명감각의 단련 정도에 비례합니다.

공부뿐 아니라, 자기 한 몸 건사하는 데 필요한 경제 활동도 생명감각과 연관됩니다. 내 아이에게 악기 교육을 시켜도 아이가 먹고 살 수 있을지 염려하는 많은 부모들이 그렇듯 경제력은 건강만큼 중요합니다.

공부는 단순 암기로 상식을 쌓는 활동이 아닙니다. 상식은 반복 노출로 주입시킬 수 있습니다. 하지만 공부는 내가 자발적으로 깊이 들어가는 활동입니다. 학생 또는 자녀가 앞으로 나아가지 않고 안주하는 것은 교사나 부모의 생명감각과 사고감각이 제대로 기능하지 않기 때문입니다.

생명감각과 사고감각은 낮과 밤의 관계와 흡사합니다. 해가 계속 떠 있다면 밤은 오지 않을 것입니다. 생명감각이 그 기능을 다해야 사고감각이 기능하기 시작합니다. 사고감각은 불편함에 적응이 되고 단련이 되어 더 이상 불편함을 느끼지 않는 그때부터 기능합니다. 생명감각의 기능이 완전히 물러난 시점입니다.

오르기 만만치 않은 설악산 대청봉을 목적지로 해가 뜨기 전인 캄캄한 시간에 출발한다고 합시다. 캡 라이트가 비추는 내 발과 길 외에는 아무것도 보이지 않을 것입니다. 그렇기 때문에 대청봉까지 오를 수 있습니다. 앞이 보이면 지레 겁먹고 힘이 빠질 것입니다. 시각은 이런 식으로 내 역량을 왜곡시키기도 합니다.

밝은 낮에는 많은 것들이 보입니다. 의지적 행위를 흐트러트릴, '바로 그래서' 힘들다고 할 핑계거리들이 많이 보입니다. 사고감각은 캄캄한 새벽을 비추는 캡 라이트의 한줄기 빛처럼 하려는 행위, 해야 할 것에 집중하게 합니다. 왜곡되지 않은 의미, 즉 본질을 파악하게 합니다. 깊이 있는 공부를 하기 위해 꼭 필요합니다.

공부 습관은 고민하는 습관

공부를 한다는 것은 막연하고 막막한 상황 속에서 고민하는 일 자체가 습관이 되는 것입니다. 쇼팽은 왜 이 음을 이렇게 길게 만들었을까? 여기에 왜 쉼표가 있을까? 내가 이 여섯 개의 음들을 한 번에 짚으려면 손을 어떻게 움직여야 할까?

고민하는 것이 평소에 습관이 되어 있지 않으면, 고민해야 할 일이 생겼을 때 골치가 아프다며 거부하게 됩니다. 그리고 많은 고민을 해온 사람들의 말과 행동에 의존하며 확인하지 않고 믿어 버립니다. 자아감각에서 언급했듯이 이것은 위험합니다.

공부하는 습관이 없다는 것은 고민하는 습관이 되어 있지 않다는 것이고, 고민하는 습관이 없는 게으름뱅이는 스스로를 위험에 빠뜨립니다. 자기 몸은 움직이지 않고 남이 열심히 움직여서 만들어 놓은 생각에 기대기만 합니다. 잡생각과 고민은 다릅니다. 잡생각은 행동을 회피하기 위함이고, 고민은 시행착오 과정에 동반되는 행동 수정을 하기 위함입니다.

고민하는 것이 습관이 되어 있을 때 사고감각은 활발하게 기능합니다. 고민하는 일이 힘들지 않습니다. 고민의 깊이는 지능이 결정하는 일이 아닙니다. 고통과 마주하는 생명감각이 잘 단련되어 있을수록, 사고감각이 기능하기에 좋은 조건이 됩니다. 이것이 공부를 할 줄 아는 사람이 되는 방법입니다.

어떤 공부든 잘, 정확히 말해 제대로 해야 하는 이유는 참의 미를 파악할 줄 알아야 응용이 가능하기 때문입니다. 제대로 공부한 피아니스트는 학생 때 배운 적 없는 곡들을 가지고도 자기의 제자들을 지도할 수 있습니다. 응용이란 이런 것입니다. 공부를 제대로 한 사람은 생활력이 강할 수밖에 없습니다. 자기 인생에 대한 답을 찾아가는 고민이 습관이 되어 있기 때문입니다. 공부 습관을 들인다는 게 책상 앞에 오래 앉아 있는 습관을 들이는 것은 아닙니다. 스스로 고민해서 답을 구하려는 습관을 들이는 일입니다.

고민해서 답을 구하려는 습관을 들인 피아니스트는 심리상담사도 될 수 있습니다. 주어진 상식을 대입하는 것을 뛰어넘어 인간에 대한 끊임없는 이해와 관련한 일들을 할 수 있습니다. 그래서 교육자가 될 수도 있습니다. 사람의 행동이나 말을 해석하는 일은 악보에서 음표나 쉼표, 즉 직접적인 시각 정보 외의 것들을 해석하는 일과 흡사합니다. 이것은 상식만으로 할 수 없는 사고감각의 도움으로 하는 일입니다.

제가 상담사로 일하던 초기에 저희 엄마는 저를 안쓰러워하셨습니다.

"사람들이 힘들다고 다 털어놓고 가면 우리 딸 마음은 누가 알아주나."

앞서 이야기했듯이 사고감각은 고통을 느끼게 하는 생명감 각의 기능이 물러난 뒤에 기능하기 때문에 저는 고통스럽지 않 았습니다. 오히려 인간에 대한 탐구가 놀라움으로 가득해 즐거 웠습니다. 상담사의 생명감각이 과하게 기능하면 고통을 느끼 고, 고충을 호소하는 사람들의 마음을 그대로 이해하는 일이 불 가능해집니다. 만약 제가 고통스러웠다면 이 일을 진작에 포기 했을 것입니다.

이런 이야기를 하는 이유는 피아노(악기)를 공부하면 어떤 일 들을 할 수 있을지 염려하는 부모님들의 질문을 종종 받기 때문 입니다. 생명감각이 잘 단련되어 있을수록 사람들이 어려워하는 일들을 해내기 유리해집니다. 위에 언급한 직업들이 아니어도 남을 도울 수 있는 위치에 있을 수 있습니다.

제가 공부했던 학교의 의대 학생들 중에는 악기를 수준급으 로 연주하는 학생들이 많았습니다. 의사도 타인을 돕는 직업입 니다. 여기서 한 번 더 짚고 넘어가겠습니다. 타인을 돕는다는 것 은 그가 자기 힘을 발견하도록 돕는 것이지, 내게 의존하게 하는 것이 아닙니다. 나 없이 아무것도 못하게 만드는 것이 아닙니다.

고민하고 답을 도출해 내는 습관을 들이는 첫 단계는 고통을 겪는 것입니다. 수업 시작 전에 악보를 눈으로만 본 상태에서 못할 것 같다, 너무 어렵다, 머리가 아프다, 시계 초침 소리가 너무 크다 등 미리 엄살을 피우는 학생들이 있습니다. 또 교사가 가져 온 악보를 말 없이 표정 변화도 없이 묵묵하게 받아들이는 학생들도 있습니다.

교사가 고통을 호소하는 학생들의 고통을 모조리 들어주려 하면, 학생 수준보다 훨씬 낮은 수준의 곡들을 고르게 됩니다. 스스로 참여하는 공부 방법을 가르치지 않게 됩니다. 그 학생은 계속 낮은 수준에 머물러 있을 수밖에 없습니다. 교사 입장에서는 시간만 채우는 쉽고 편한 일이 되어 버리고, 학생 입장에서는 아무 발전도 없는 세월을 보내는 것입니다.

자녀가 부모에게 어렵다, 힘들다 호소하면 부모들은 교사에게 이렇게 말합니다.

"저는 우리 아이가 잘하기보다는 즐겁게 배우면 좋겠어요."

이것은 무의식적인 합리화가 만든 거짓말입니다. 그들의 마음을 들여다보면 자녀가 즐겁기를 바라는 것이 아니라, 당신들이 괴롭지 않기를 바라는 것입니다.

많은 부모들이 자녀가 칭얼거리지 않고 쉽게 배우기를 바랍니다. 자녀의 칭얼거림을 듣는 것이 고통스럽기 때문입니다. 그러나 배움에 '쉽다'라는 것은 없습니다.

자녀나 학생을 돌보는 일을 하는 사람은 끊임없이 질문해야 합니다. 내가 지금 하려는 행동이 아이를 위한 것인지, 나를 위한 것인지 말이죠. 그리고 나를 위한 것이라는 결론이 나오면, 내가 왜 학생이나 자녀를 귀찮아하는지, 아이를 통해서 무엇을 얻으려 하는지 살펴봐야 합니다.

징징거리는 아이를 받아들이지 못할 때, 즉 아이로부터 똑같은 말을 매일 듣고 그에 따라 똑같은 말을 반복해서 들려주는 것이 부모와 교사의 일상임을 받아들이지 못할 때, 아이를 개인적 욕망을 채우기 위한 수단으로 소유하고 있을 가능성이 큽니다. 강조하지만 약자인 아이들은 어른들의 문제 해결 수단으로 이용되기 쉽습니다.

학생 (오늘 처음 본 악보 앞에서) 아휴… 저, 이거 못할 거 같아요. 너무 어려워요.

교사 네가 태어났는데 태어나자마자 스무 살이야. 근데 그럴 수 없지? 마찬가지야. 악보를 처음 보자마자 멋지게 연주할 수 없어. 그래서 하나씩 할 거야. 오늘은 딱 이만큼만 할 거니까 그 뒤에는 보지 마.

한 곡을 처음부터 끝까지 다 배울 때까지 몇 달간 매번 이 대화를 반복합니다.

학생은 매번 같은 한탄으로 시작하고, 저는 매번 같은 대답을 합니다. 교사는 똑같은 말을 반복해 주는 일을 합니다. 학생이 힘든 상황을 소화하는 과정 중에 있기에 같은 말을 계속해 줍니다. 소화가 다 될 때까지 곱씹게 해 줍니다.

성인은 생각으로 곱씹고, 초등학생은 말로 곱씹는 차이가 있을 뿐입니다. 여러분도 힘든 일이 생기면 쉽게 떨쳐 내지 못하고 계속 곱씹으며 스스로를 괴롭히지 않나요? 자연스러운 일입니다.

앞의 대화를 반복하는 동안 한 곡이 완성됩니다. 그리고 나서이런 대화가 이어집니다.

교사 어때? 못할 거 같았는데 했네? 어떻게 된 일이야?

학생 (웃으며) 하니까 되던데요?

교사 그래, 그러니까 이제부터는 해 보지도 않고 못하겠다고 하지 말자. 해 보고 나서 정말 어려운지 어떤지를 얘기하자.

학생 네.

그리고 다음 곡을 새로 배울 때 학생은 또 한탄합니다.

학생 아휴… 저 이거 못할 거 같아요.
교사 네가 태어나자마자 스무 살……

같은 대화가 또 이어집니다. 그리고 몇 달이 흐릅니다.

학생 아휴… 이거 너무 어려운거 같아요. 그렇지만 못할 것
　　같은 것도 해 보면 할 수 있을 거예요. 그러니까 해 보지
　　도 않고 못하겠다고 하는 게 아니라, 해 봐야 되는 거죠?
교사 맞아!

이 대화는 매번 반복됩니다. 교사는 학생의 소화력이 점점 발
전하는 것을 보며 기꺼이 반복해 줍니다. 교사의 생명감각이 잘
단련되어 있지 않으면 교사는 괴롭습니다. 그래서 학생의 반복
되는 말을 끊을 방법을 생각하려 할 것입니다.
　저 역시 교육하는 사람으로서 초기 시절에는 학생들의 반복
되는 말로 몸이 아플 정도로 극심한 고통을 느꼈습니다. 그러나
여기에는 별 다른 방법이 없습니다. 만일 방법이 있다 해도, 근
본적인 해결책이 아니고 그 상황만 모면할 뿐입니다. 자녀나 학

생을 키우는 데 있어 요행을 바랄 수 없습니다.

교사나 부모가 아이의 고통스러운 반복 연습을 마칠 수 있게 도와줘야 합니다. 과정 중에 끊을 방법만 찾아다니면 도그마에 빠질 위험이 있습니다. 똑같은 법칙이 모두에게 적용된다고 믿게 됩니다. 그리고 그 방법이 통하지 않는 아이에게는 문제가 있다고 생각합니다. 아니면 또 다른 권위자를 찾아다니는 방황을 되풀이할 뿐입니다.

쉬운 단계에 머문다는 것은

저는 학생에게 버거운 것을 먼저 배우게 한 뒤에, 그보다 난이도가 살짝 쉬운 곡을 가져다줍니다. 쉽다고 학생 수준보다 낮은 단계는 아닙니다. 워낙 어려운 것을 해낸 뒤라 조금만 쉬워도 쉽게 느껴집니다. 그때 학생의 자신감은 확 올라갑니다. 그리고 학생이 자만하지 않도록 버거운 곡을 다시 내밉니다. 이런 식으로 생명감각을 단련시킬 수 있습니다.

뭔가를 힘들다고 느끼는 것은 그보다 힘든 걸 겪어 보지 않아서입니다. 학생의 엄살을 받아 주되, 수준을 낮추지 않는 것을 저는 '반은 찰떡같이, 반은 개떡같이 듣기' 교수법이라 부릅니다.

수업을 마친 후에도 제 말이 학생의 귓가에 맴돌기를 바라는 마음에서 수업 내내 반복하는 말이 있습니다.

"나는 네가 연주할 수 없을 정도로 어려운 곡은 가져오지 않아. 그러니 너는 당연히 이걸 할 수 있어."

학생은 집에 가서 엄살을 피울 수 있습니다. 그때 부모가 찰떡같이 엄살을 다 받아 주면, 그 학생은 계속 자신 없는 상태에 머물게 됩니다. 쉬운 것만 붙들고 계속 낮은 수준에 머물러 있는 것은 현실 도피입니다. 아무리 오랜 기간 해도 나아지지 않는 이유는 현실을 도피하며 살기 때문입니다.

뭔가를 꾸준히 하는 것은 성실함인데 때로 도피 성향을 감추는 데 사용합니다. 뭐라도 붙드는 반복 패턴에 이용되는 성실함은 그 재능만 낭비될 뿐입니다. 제자리를 맴도는 그 순간 마음은 편안할 수 있지만, 거기에 갇히면 자신감을 잃고 불안해합니다.

버거운 것을 해내고, 그보다 쉬운 것을 하고, 다시 버거운 것을 해내면서 서서히 위 단계로 올라가는 연습이 중요합니다. 그러다 보면 충분히 자신감을 얻을 수 있습니다.

엄살을 피우지 않는 학생들의 경우 배우는 속도를 잘 관찰해야 합니다. 할 만해서 하는 것인지, 혹시 참는 것은 아닌지 봐야 합니다. 억지로 참는 학생은 고통이 커 사고감각이 잘 기능할 수 없습니다. 쉽게 나아가지 못합니다. 그럴 때는 학습 양을 줄이거나, 과정을 잘게 나누어 하나씩 완성하게 합니다.

피아노는 손동작을 연습하면서 배워 나갑니다. 정확한 손동작이 바른 소리를 내기 때문입니다. 단번에 되지 않기 때문에 될 때까지 반복합니다. 빠져나갈 수 없는 늪에 빠진 기분이 들 수 있습니다. 과연 내가 할 수 있을까라는 의심이 생길 수 있고, 불쾌한 좌절감마저 느낄 수 있습니다. 그러나 이것이 생명감각의 역할입니다. 만약 이 감정 상태를 처음 느끼고 놀란 나머지, 늪에서 빠져나가는 경험을 포기한다면 생명감각은 단련될 수 없습니다. 현실 회피를 먼저 배우는 꼴입니다.

생명감각이 단련되어야 현실을 마주하고 문제를 해결하며 살아갈 수 있습니다. 학생이 어려움을 호소할 때 교사가 거기서 멈추고 포기할 것이 아니라, 악보의 작은 마디를 또 작게 나누어 연습하게 합니다. 생명감각 하나만 보더라도 교육이 나아갈 방향이 보입니다. 자기가 처한 현실과 마주하는 힘을 키워 주는 것이 교육의 진짜 목표입니다.

학생 수준보다 살짝 버거운 곡을 지도하는 것은 교사 입장에서도 힘들고 어려운 도전입니다. 피아노만이 아니라 모든 배움이 그렇습니다. 이 어려운 것을 학생이 중도에 포기하지 않고 해내게끔 지도하려면, 교사는 깊이 고민해야 할 것입니다. 또 옆에서 학생의 고통스러워하는 호소도 받아 줘야 합니다. 그래서 힘들고 어려운 것입니다.

10대 후반, 저는 마음먹은 대로 연습이 되지 않으면 눈물을 쏟을 정도로 속상해하고 힘들어했습니다. 30년 이상 반복 연습을 해온 피아니스트이지만, 여전히 연습 중에 마음먹은 대로 되지 않곤 합니다. 하지만 크게 속상해하지 않습니다. 적절한 방법을 통해 반복하면 개선된다는 걸 알기 때문입니다. 그 지속적인 경험을 통해 생명감각이 단련된 것입니다.

악기 교육은 독서 교육

악기 교육에서는 그림 동화책처럼 한눈에 들어오는 여백 많은 악보부터 철학서처럼 단번에 읽기 어려운 음표와 쉼표가 빼곡한 악보까지 읽고 해석합니다. 그 과정은 암기와 재현, 동시에 재창조로 이어집니다. 악기 교육은 또 다른 차원의 독서 또는 독해 교육입니다. 독서를 싫어하거나 공부를 기피하는 사람은 악보가 복잡해질수록 읽기 어려워 악기를 다룰 수 없습니다. 역으로 독서와 공부에 관심이 없던 사람이 악기를 어느 정도 다룰 수 있게 되면, 독서와 공부를 하지 않을 수 없게 됩니다.

알렉산더 스크리아빈Alexander Scriabin(1872-1915, 러시아의 작곡가이자 피아니스트)의 복잡한 악보를 읽어야 할 수준이 되었는데, 읽기를 거부한다면 공부는 더 이상 진행되지 않습니다. 그 수준에 머무르거나 거기서 중단됩니다. 악기를 잘 다루는 사람들이 공부도 잘하는 이유입니다.

공부 잘하는 학생들 중에 독서가 취미가 아니라고 하는 학생들이 종종 있는데 사실이 아닙니다. 공부는 다른 사람의 견해와 이론이 정리된 자료들을(악보도 마찬가지) 끊임없이 읽고 사유하는 경험입니다. 따라서 그 말의 진의는 공부 관련 외의 다른 책들에 크게 관심이 없다는 뜻입니다. 공부 잘하는 이들의 삶은 읽고 사유하는 행위의 연속인 독서로 이뤄져 있습니다. 물론 해법 위주의 책들은 거기에 포함되지 않습니다.

조금 버거운 악보를 끝까지 읽어 낸 학생에게 저는 축하의 말을 건넵니다. 그의 인내심이 많은 사람들에게 유익한 도움으로 발전하리란 걸 알기 때문입니다.

교사 이 세상에 시작만 하고 시작한 것을 끝까지 해내는 사람들은 아주 드물어. 근데 너는 끝까지 했어.

학생(5학년) 사람들이 왜 끝까지 안 해요?

교사 그러게. 왜 그런 것 같아?

학생 하다가 힘들어서?

교사 응. 끝까지 안 하는 사람들은 끝까지 안 해 봐서 끝이 어떻게 되는지 잘 몰라. 그러면 너처럼 끝까지 해 본 사람한테 끝이 어떤지 물어보거나 도움을 받으러 올지 몰라. 지난번에 보니 기다리는 시간에 『요정 팁토스와 친구들의 모험』(제가 비치해 둔 동화책)을 읽고 있더라? 예전에는 그렇게 글이 많은 책을 못 읽었지?

학생 (의기양양하게) 집에서는 훨씬 두꺼운 책도 읽어요.

교사 그래. 너는 많은 사람들에게 도움을 줄 수 있는 고마운
사람이 될 거야.

악기 교육은 독서교육입니다. 다음에 나오는 악보들은 그림
책에서 철학서로 가는 과정을 보여 주기 위해 소개합니다.

바흐 「미뉴에트 BWV 114」 일부

멘델스존 「무언가 Op. 19 No. 2」 일부

슈베르트 「즉흥곡 Op. 90 No. 4」 일부

라흐마니노프 「프렐류드 Op. 3 No. 2」 일부

스크리아빈 「에튀드 Op. 42 No. 5」 일부

자기표현의 두려움

현실 도피 수단으로 독서를 이용하기도 하는데, 피아노를 그런 수단으로 이용하는 아이들이 있습니다. 피아노를 치는 동안 뭐라도 하는 것이기에, 엄마가 내게 귀찮은 잔소리를 하지 않는 걸 알고 그렇게 합니다. 긴 연습 시간에도 실력이 조금도 나아지지 않을 때 현실 도피를 하고 있을 확률이 큽니다.

생명감각은 우리 몸 외부뿐 아니라 내부 전체에도 자리합니다. 몸에 이상이 있다고 느낄 때, 지금의 상황이 뭔가 잘못되었다고 느낄 때, 그리고 그런 이상 신호들이 사라지고 느껴지는 편안함 등이 생명감각의 기능입니다. 이상 신호를 알아차리면 우리는 자신의 불편함에 대해 조치를 취할 수 있습니다. 하지만 이상 신호를 알아채지 못하면 불편은 가중되고, 상황은 점점 위험해집니다.

이상 신호란 아픈 것은 물론이고 불편함, 불쾌함, 두려움, 힘들다는 다양한 종류의 고통을 포함합니다. 이상 신호가 있는데 그 신호를 무시하고 무작정 참거나, 반대로 조금만 이상해도 호들갑스럽게 남들에게 알립니다. 전자는 생명감각이 잘 단련된 것이 아닌 억압된 것입니다. 후자는 고통이 어떤 것인지 제대로 경험해 보지 못해 그렇습니다.

아픈 것을 참는 사람은 참을성이 있는 것이 아닙니다. 고통을 마주하는 것, 자기를 표현하는 것이 두려운 것입니다. 표현해 봐야 달라질 게 없다고 생각하거나, 표현했다가 더 큰 불이익을 당할지도 모른다고 생각하는 것입니다. 그래서 표현하지 않고 참습니다.

아무에게나 내 문제나 고민을 털어놓지 않습니다. 내가 인정할 정도로 높이 평가하는 사람, 그러면서도 내 모자란 모습을 감싸 주리라 믿을 수 있는 사람에게 어린아이 같은 내 모습을 드러낼 수 있습니다. 따라서 누군가를 놓고 자기표현을 잘하지 않는 사람이라고 단정 짓기 어렵습니다. 나와 그 사람의 관계가 어떤지에 따라 달라질 수 있는 문제이기 때문입니다.

말이 없거나 시키는 말에만 들릴 듯 말듯한 작은 목소리로 짧게 대답하는 아이들이 있습니다. 이들은 표현해야 할 때를 놓칩니다. 실제로 무슨 말을 해야 할지, 어떻게 해야 할지 잘 몰라서 말을 못하는 경우가 많습니다.

나중에 자신이 편하게 느끼는 엄마나 아빠에게 "나 아까 그렇게 하고 싶었어(그러나 그러지 못했어)"라고 고백합니다. 그때 부모들은 대부분 "그때 얘기를 했어야지"라고 말합니다. 하지만 이런 표현은 아이들로 하여금 자꾸 후회하게 만듭니다. 아이들이 '또 내가 잘못했구나…'라고 느낍니다. "그때 했어야지"라는 부모의 말은 자녀를 과거에 머물러 있게 합니다.

말수 적은 아이들은 생각이 멈춰 있거나, 생각이 천천히 흐르거나, 자기 생각을 정리하는 것이 어려워 많은 시간을 필요로 합니다. 그래서 특히 더 과거에 머물러 있지 않게 주의해야 합니다. 다음을 기약하게 함으로써 스스로 어떻게 해야 할지 알게 하는 것이 좋습니다.

자기를 지나치게 표현하고 고통을 과장해 호소하고 사소한 일에도 불편하다고 표현하면, 그 사람을 누가 받아 줄 수 있을까요? 표현을 너무 많이 해도 타인에게 고통을 주는 일이 됩니다. 적당히 감내하고 적당히 표현할 수 있어야 합니다. 생명감각이 적당히 제 기능을 할 수 있으려면, 아이의 성장 과정에서 반은 알아주고 반은 알아주지 않아 스스로 채울 수 있게 해야 합니다.

피아노를 배우는 과정에서 자기표현력을 길러 줄 수 있습니다. 손가락으로 건반을 끝까지 누르는 연습을 통해 소리를 내는 것에 두려움이 없어지고 자신감을 얻습니다. 수업을 하다 보면 첫 시간부터 거침없이 건반을 누르는 학생이 있는가 하면, 손가락으로 건반을 살짝만 건드리듯 누르는 학생도 있습니다.

악기 연주는 내가 하는 행동이 소리라는 즉각적인 결과로 드러납니다. 후자는 단순히 초보자에 손가락에 힘이 부족해서만은 아닙니다. 내 행동의 파장, 결국 나 자신과 마주할 용기가 아직 부족한 것입니다.

자기를 드러내는 것이 조심스러워 더듬더듬 나오던 개별 음들이 반복 연습을 통해 점차 연결되고 아름다운 선율을 들려줄 수 있습니다. 두 손에서 나오는 음들이 합쳐져 놀라운 화음이 됩니다. 결국 한 곡을 능숙하게 연주하는 경험을 합니다. 이 멋진 경험이 무수히 반복되면, 내 행동의 영향력을 마주하는 자신감이 올라갑니다.

'이렇게 해도 되나? 저렇게 해도 되나?' 자문하며 붙들고 있는 시간이 줄어듭니다. 그리고 더 이상 의문을 품지 않고 '될 수 있게 만들어 보자'고 다짐합니다. 이것은 매우 긴 기간에 걸쳐 일어납니다. 인간을 길러 내는 일은 며칠, 몇 년 안에 해치우는 일이 아닙니다. 그렇게 할 수가 없습니다. 그래서 작곡가 칼 체르니Carl Czerny(1791-1857, 오스트리아 작곡가이자 피아니스트)는 학생들을 위해 교육자로서 많은 연습곡들을 단계별로 작곡해 놓았습니다.

지금 당장 자기표현을 하지 못하는 것은 문제가 되지 않습니다. 당당하게 자기를 표현할 날을 위해 연습하면 됩니다. 말하기 연습이 아니라, 자기 행동에 대한 의심을 줄여 가는 연습이 필요합니다. 그것을 직접 육체적으로 꾸준히 반복하는 것이 중요합니다. 성장 과정에서 몸을 사용해 결과를 얻는 일을 반복한 사람은 자기 행동에 떳떳합니다.

자기표현을 잘한다는 것이 어떤 것일까요? 내 말을 상대방이 들어줄 수밖에 없는 특별한 기술을 가지고 있다는 것입니다. 메시지가 모호하다면 상대방에게 제대로 전달되지 않습니다. 혀짧은 소리의 애교나 태도 또는 표정으로 알아달라고 조르는 식의 행위 역시 아무리 가까운 사이라도 전달되기 어렵습니다. 귀엽고 어린 약자 행세를 하는 것은 자기방어입니다. 방어적으로 나오는 이유는 폐쇄적이라 그렇습니다.

상대가 들을 수밖에 없는 자기표현은 가까운 사이가 아니어도 '내게 호의를 베풀어 주시면 고맙겠습니다'라는 메시지가 들어 있어야 합니다. 상대를 물고 늘어지는 것이 아니라, 내가 원하는 것을 제대로 끝까지 표현하는 것입니다. 표현을 잘할수록 필요한 도움을 받기 유리해집니다.

종종 부부 사이에서 아내들은 약자 위치를 자처합니다. 그녀들의 공통점은 남편 앞에서 유난히 작아지려 한다는 것입니다. 겉으로는 평등한 관계를 내세우면서, 내 삶의 질이 남편에게 달려 있다고 믿는 아내들은 그런 이유로 자기를 표현하지 못한 채,

남편이 자기 마음을 알아주기를 바랍니다. 자진해서 정서적 수직 관계를 만들어 놓고는 고통받습니다. 꼭 해야 할 말을 오랫동안 못하고 쌓아 두어 뒤늦게 곪아 터지는 상황에서도 칭얼거릴 뿐입니다. 그럴 수밖에 없다는 합리화 수단으로 삼는 경제력은 사실 부차적인 이유입니다.

가정은 나를 표현하는 것이 안전하다는 것을 배울 수 있고, 연습할 수 있는 곳입니다. 그런데 표현이 부재하는 가정들이 많습니다.

끝까지 표현한다는 것은, 더듬더듬 해 나가는 과정을 완수한 사람만이 확신을 갖고 할 수 있는 일입니다. 설령 자기표현이 통하지 않더라도 다른 방식으로 다시 시도할 생각을 합니다. 그렇기 때문에 내 표현이 받아들여지지 않을까, 내 표현이 부정당하지 않을까, 내 표현으로 상대방과 등지게 되지 않을까를 크게 걱정하지 않습니다. 자기를 표현할 수 있다는 것은 타인이나 외부의 반응과 평가를 크게 두려워하지 않는 것입니다. 그만큼 독립적입니다.

우리 사회의 학력은 전체적으로 높아졌지만 자기표현 실력까지 보장해 주지는 않습니다. 특히 남의 시선을 의식한 의존적 선택이었다면 더 그렇습니다.

자기표현력을 계발하고 싶다면 발표회나 콩쿠르는 진지하게 생각해야 할 것입니다. 자기를 객관적으로 평가할 수 있는 경험이 부족한 어린 시기에 타인의 평가를 먼저 만족시켜야 하는 작업이 선행될 경우 자기표현이 더욱 어렵습니다. 훗날 더 뛰어난 능력을 쌓아도 자기표현이 어려운 원인으로 작용됩니다. 이어지는 고유운동감각에서 자기 행동에 대한 확신을 통해 표현을 더 잘하게 되는 과정을 구체적으로 확인할 수 있습니다.

3 장

고유운동감각

연주를 위한 효율적 움직임

피아노 연주는 열 개의 손가락을 모두 사용하는 일입니다. 약지나 새끼손가락이 힘이 약하고 길이가 짧다고 적당히 써도 되는 것은 아닙니다. 예외 없이 모든 손가락을 같은 강도로 단련해야 합니다. 그래야 언제 어디서든 필요한 손가락을 바로바로 사용할 수 있습니다. 악보의 어떤 마디는 새끼손가락으로 그 어떤 손가락보다 강한 소리를 내야 할 때가 있습니다. 사고감각으로 작곡가의 의도가 담긴 악보를 해석해, 그가 표현하려 한 선율을 잘 들려줘야 할 때 그렇습니다.

아래 악보는 낭만주의 시대를 대표하는 오스트리아 작곡가 슈베르트의 「즉흥곡 Op.90 No.3」의 일부입니다('Op.'는 작품 번

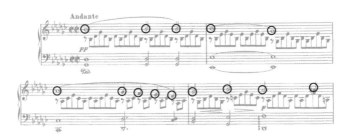

슈베르트 「즉흥곡 Op.90 No.3」 일부

호, 'No.'는 그 작품에서 몇 번째 악보라는 뜻). 촉각의 장에서도 이야기했지만 악보를 전혀 읽지 못해도 괜찮습니다. 그림이라 생각하고 보시면 됩니다. 이 곡은 시작부터 끝까지 옆의 악보와 같은 패턴입니다.

음악에서는 주요 선율만 중요한 것이 아니라, 그 선율 주변의 다른 음들도 굉장히 중요합니다. 악보의 선율만으로도 충분히 아름답지만, 반주에 해당하는 다른 음들이 함께 연주되면서 음악은 더욱 풍성해집니다. 그런데 선율을 받쳐 주는 반주에 해당하는 음들이 너무 큰 소리로 울려 퍼지면, 정작 중요한 선율 소리는 파묻혀 잘 들리지 않게 됩니다. 따라서 둘 다 적절한 강도로 조화롭게 연주하는 것이 매우 중요합니다. 열 손가락 중 어느 한 손가락도 대충 참여해서는 안 되는 것입니다!

이 악보에서 동그라미로 표시된 선율은 이 곡의 주인공 격이며, 새끼손가락으로 특별히 더 잘 들리게 연주합니다. 나머지 음들은 다른 손가락으로 주인공의 소리가 잘 들릴 수 있게 힘을 줄여 연주합니다.

사고감각이 기능을 해야 악보를 봤을 때 작곡가의 의도가 보이고, 어떤 손가락을 어떤 강도로 움직일지 파악할 수 있습니다. 곡이 진행되는 가운데 열 손가락이 번갈아 주인공으로 등장합니다.

배우는 단계에서는 사고감각이 아직 활발하게 기능할 수 없어, 간단한 예시를 통해 보고 듣게 해서 곡 해석을 시도하게 합니다. 그러는 동시에 학생의 열 손가락이 비슷한 힘을 가질 수 있게 모두 사용하는 연습을 시킵니다. 바흐의 피아노 곡들은 그런 연습을 집중적으로 요구합니다.

실제로 바흐는 연주자가 어떤 특정 손가락에 의존하지 않도록, 독립적인 손가락 움직임을 단련시킬 목적으로 쓴 곡들이 있습니다. 『아이의 건강한 리듬 생활』에서도 언급한 바 있는 「인벤션」과 「신포니아」가 그렇습니다. 알면 감동적이지만 그 전에는 상당히 지루할 곡들입니다. 이 곡들을 배울 수준에 도달하지 못하는 학생은 고유운동감각을 깨우기 어렵습니다.

피아노 공부가 아니더라도 공부 습관이 중요한 이유는 바로 감각들이 깨어나는 데 유리하기 때문이라는 점을 한 번 더 강조하고 싶습니다.

자기 몸을 통제하기 어려워서 천천히 동작을 익혀 나가는 학생일수록 건반 위에서 엄지나 새끼손가락을 잘 쓰지 않는 경향이 있습니다. 검지, 중지, 약지는 길어서 아무래도 움직이는 것이 수월합니다. 하지만 연달아 연주하는 음이 '도레미파솔'일 때 손가락을 세 개만 사용하면, '도레미' 건반 세 개를 누르고 손을 떼어 '파솔'로 다시 옮기는 비효율적이고 소모적인 움직임을 만들어 냅니다.

가진 것을 다 사용하지 않을수록 건반 위에서 손가락은 더 꼬이고, 연주가 멈춰지거나 지체됩니다. 피아노 연주뿐 아니라 다른 모든 상황도 마찬가지입니다. 내가 가진 것들을 고루 사용하는 연습이 안 되어 있으면 불필요한 동작들을 더 많이 하게 됩니다.

다섯 손가락을 사용하면 손을 떼지 않고도 '도레미파솔' 다섯 건반을 누를 수 있습니다. 다섯 손가락을 모두 단련시킬수록 더 넓은 음역도 '효율적'으로 움직여 연주할 수 있습니다. 한마디로 '시간 부자'가 됩니다. 돌아갈 수 있는 길을 빠르게 가는 것입니다.

시간 부자가 진짜 부자입니다. 연습 시간이 단축되면 남는 시간에 자신의 가능성을 발견할 다른 시도들을(새 연주곡 도전하기) 할 기회가 많아지기 때문입니다. '부자'가 되고 싶다면 이 원리를 배우는 것이 좋습니다. 부자의 상징은 '여유'입니다.

운동감각은 우리로 하여금 모든 움직임을 가능하게 하는 감각인데, 그 앞에 '고유'라는 단어가 붙어 있습니다. 나만의 고유한 움직임을 발견하거나 만들어 내는 일이 중요합니다. 그것이 곧 나의 정체성과도 같기 때문입니다. 똑같은 상황에서 사람들이 왜 각기 다르게 행동하는지 이 감각으로 설명할 수 있습니다.

슈타이너의 음악에 관한 강연 모음집인『천체의 음악 인간의 신비』에 흥미로운 이야기가 나옵니다. 바로 쇄골에 관한 것입니다. 말馬은 인간처럼 양 팔을 벌릴 수 없는데, 그 이유가 쇄골이 없기 때문이라고 합니다. 쇄골이 잘 발달된 동물일수록 팔을 더 자유롭게 사용한다고 합니다.

내가 무엇을 가지고 있는지 더 잘 알수록, 더 잘 활용할 수 있습니다. 거꾸로 말하면 내가 무엇을 가지고 있는지 모른다면, 나는 나를 잘 사용할 수 없게 됩니다. 악기 수업을 비롯한 다른 분야의 수업 역시 내가 무엇을 가지고 있는지, 그것이 어떻게 쓰일지 깨닫게 만드는 목적이 있습니다. 교사 또는 부모가 학생이나 자녀에게 어떤 과목을 가르치거나 무엇을 배우게 하든, 주의 깊게 보시고 꼭 대입해 보시기 바랍니다.

독립된 손가락들

원하는 것이 불분명하면 여기저기에 돈과 시간을 써야 하니 늘 부족함을 경험합니다. 그러나 원하는 것이 명확한 사람은 딱 그것에만 시간을 할애하고, 그것만 할 수 있으면 되기 때문에 시간과 돈이 충분합니다.

예를 들어 누군가와 인생을 함께 살고 싶은 것인지, 보여 주고 싶은 결혼식을 하고 싶은 것인지 불분명하면, 그 한 쌍의 연인은 남들의 취향을 모방하느라 큰 액수의 돈이 필요할 것입니다. 돈이 걸린 문제 앞에서 이것저것 비교하고 고르느라 시간도 부족하고 돈도 부족해져 연인은 여유를 잃습니다. 결국 두 사람은 결혼 준비 과정에서 예민해져 다투기까지 합니다. 아이가 태어나고 돌잔치 준비를 하면서 그들은 또 싸웁니다. 그들에게는 늘 돈과 시간이 부족하기 때문입니다.

함께 사는 사람이 어디에 가치를 두는 사람인지 몰랐던 두 사람은 결혼 후 "왜 그런 데 돈을 쓰느냐" "돈을 왜 그런 방식으로 쓰느냐" "여기에 왜 시간을 내지 않느냐" 등으로 다툽니다. 자기가 선택한 사람이 누구인지를 모릅니다.

이 모든 문제가 '내가 무엇을 원하는지 모른다'에서 출발합니다. 그것은 바로 자기 인생에 대한 무책임함으로 직결됩니다. 후각의 장에서 이야기했듯이 내가 무엇을 원하는지 알지 못하면 무의식적으로 선택하게 됩니다.

충분한 시간 속에서 충분히 생각하고 느껴 볼 시간을 가져보지 않은 채, 단기 수업만 전전하면 자신이 무엇을 원하고 무엇을 하고 싶은지 알기 어렵습니다. 오랜 기간 연습으로 시간을 단축시켜 온 피아니스트들은 계속 시간 부자가 되기 위해 노력합니다. 원하는 곡을 충분히 연습할 시간을 갖기 위해서입니다.

초보자들은 피아노 건반 위에서 엄지와 새끼손가락을 어느 정도 쓸 줄 알게 되면 바로 엄지에 의존합니다. 사용 가능해진 엄지손가락의 힘이 크다는 걸 바로 느끼기 때문입니다.

같은 길이의 음표로 이뤄진 '도미솔미'를 오른손으로 연주한다고 합시다. 엄지로 '도' 건반을 누른 뒤에 엄지를 떼고(엄지에 힘을 빼고) 다른 손가락들로 '미솔미'를 연주해야 합니다. 그런데 무의식적으로 엄지를 떼지 않고 누른 채로 '미솔미'를 누릅니다. 다른 손가락들을 들고 있는 상태로 건반을 누르기 버거운 것입니다.

엄지를 지지대로 삼으면 다른 손가락들을 들어 올리기가 쉽습니다. 그래서 '도미솔미' 네 음이 모두 같은 길이로 소리가 나야 하는데, 도만 길게 소리 나는 실수가 나옵니다. 작곡가가 요구하지 않는 소리를 내는 것이죠. 그런데 더 깊이 들여다보면 그 이상의 잘못이 숨어 있습니다. 엄지의 힘에 의존해 다른 손가락들을 들어 올리는 시간이 늘어날수록 그 엄지는 팔에 다음과 같은 신호를 보냅니다.

"다른 손가락들이 나에게 모든 책임을 떠넘기고 의존하고 있어. 나는 곧 쓰러질 것 같아. 더 이상 이렇게 나 혼자 모든 책임을 질 수 없어. 나는 갈 데까지 갔고 연주를 그만둘 수밖에 없어!"

실제로 연주가 멈춰 버립니다! 엄지의 이런 신호는 팔이 아픈 증상으로 나타납니다. 체르니 30 이상의 속도감이 있는 곡을 배우는 과정에서 흔히 겪는 일입니다.

엄지를 쫙 펴고 온 힘을 주는 것이 습관이 되면, 손목부터 팔꿈치까지 마비라도 된 듯 아파서 더 이상 연주가 불가능해집니다. 공동체에 자립성이 떨어지는 사람이 많을 경우, 다수가 한 사람에게만 의존할 경우, 그 한 사람은 물론이고 공동체까지 무너질 수 있습니다. 각자의 독립이 왜 중요한지 여기서 배울 수 있습니다.

엄지로 할 연주를 마치고 바로 손가락을 뗄 때 힘을 빼는 연습을 까다롭게 시키면 학생들은 많이 피곤해 합니다. 엄마나 아빠에게 기대고 싶은 아이 같은 마음처럼 엄지에 기대고 싶어집니다. 그럼에도 가진 것을 고루 다 쓸 수 있게 준비시키는 것이 부모와 교사의 몫입니다. 이 연습이 되어 있지 않으면, 빠르게 연주하는 구간에서 손가락들이 미끄러져 소리가 들렸다 안 들렸다를 반복합니다. 하지만 이 연습을 성실히 해낸 사람은 아무리 빠른 곡을 연주해도 한 음 한 음 모두 또렷하게 들립니다.

피아노는 왼손과 오른손을 독립적으로 다르게 움직여 연주합니다. 아래의 악보를 보세요. 왼손은 몇 개의 음을 짧게 끊어 연주해야 하고, 동시에 오른손은 더 많은 음들을 연결해 연주해야 합니다.

마치 왼 손가락은 동그라미를 그리고 있고, 동시에 오른 손가락은 삼각형을 그리고 있는 동작과 같습니다. 거기에 또 발이 추가됩니다.

스카를라티 「소나타 K.98」 일부

세 개의 페달 중 오른쪽에 있는 댐퍼damper 페달(음량이 커지고 울림이 풍부해짐)을 밟고 있으면 건반을 치고 손을 떼도 현의 진동이 지속되면서 음과 음 사이를 연결합니다. 음과 음 사이에 공백이 생기지 않게 하려면, 건반을 누르는 동시에 페달을 밟는 게 아니라 음과 음 사이에 페달을 밟아야 합니다. 손과 발의 독립적인 움직임을 연습해 놓지 않으면 손이 나갈 때 발이 같이 나갑니다. 손과 발로 동시에 건반과 페달을 누르면 음과 음 사이를 연결할 수 없습니다.

참고로 페달에 대해 잠깐 설명하자면, 피아노 페달은 세 개가 있고 가운데 페달은 전문가가 아니면 거의 쓸 일이 없습니다. 맨 오른쪽 페달은 댐퍼 페달이라 하고 오른발로 밟습니다. 나머지 두 페달은 왼발로 밟습니다. 업라이트 피아노에서는 가운데 페달을 머플러muffler 페달이라 부르고, 오직 연습 시에만 소음을 줄이는 용도로 사용합니다. 그랜드 피아노에서는 소스테누트 sostenuto 페달이라 하는데, 한 음을 지속시켜 줍니다. 댐퍼 페달을 밟으면 울림도 생기고 소리가 지속되다가 어느 순간에 사라지는데, 소스테누토 페달을 밟았을 때는 한 음이 그 페달을 뗄 때까지 같은 크기의 소리를 지속하고 울림은 없습니다. 마지막으로 맨 왼쪽 페달인 소프트soft 페달은 연주 도중 본래의 피아노 톤을 은은하게 바꾸는 데 사용합니다.

화음에 대한 이해가 부족하면 페달을 밟았다가 떼야 할 때, 페달을 다시 바꿔 밟아야 할 때를 모릅니다. 뗐다가 다시 밟는 작업을 연주 내내 계속 하게 되는데, 계속 밟고 있으면(이때 발은 아무것도 안 하고 있는 상태나 다름없습니다) 음들이 뒤섞여 지저분한 소리로 울립니다. 저는 페달 밟는 법을 가르칠 때도 촉각을 이용합니다. 제 발등 위에 학생의 발을 올려, 제가 언제 페달을 밟고 발을 어떻게 움직이는지를 느끼게 해 줍니다.

피아노를 연주하려면 양손의 열 손가락과 두 발을 독립적으로 움직여야 합니다. 상하좌우 움직임을 위해 얼마나 많은 두뇌 사용을 하는지 짐작이 될 것입니다. 생각하고 의식하는 일이 습관이 되게 하는 작업입니다.

누가 대신할 수 없는 악기 연습

피아노 연습은 내가 해야 하는 일입니다. 글짓기 숙제나 그림 그리기 숙제는 식구들 중 누가 대신해 준 것을 가져갈 수 있습니다. 물론 들통날 수 있죠. 그러나 악기 연습은 누가 대신해 줄 수 없습니다. 아무도 도와줄 수 없는 온전한 나의 일입니다.

스스로 하지 않으면 안 되는 것, 내가 시작하지 않으면 시작조차 할 수 없는 일이 있다는 것을 오랜 시간 배우고, 습관으로 만듭니다. 악기 전공자들이 추진력과 자립심이 강한 것은 놀랄일이 아닙니다.

모든 곡은 시작과 끝이 있습니다. 그래서 한 곡을 배운다는 것은 시작한 것을 끝까지 해낸다는 의미를 지닙니다. 시작한 것을 끝내는 것은 중요합니다. 완수한 뒤의 성취감이 새로운 도전을 가능하게 하기 때문입니다. 저는 한 곡을 끝까지 연습한 학생에게는 생명감각의 장에서 언급했듯이, "축하해, 끝냈어. 대단하구나"라고 말해 줍니다. 그리고 잊지 않고 다음의 사실을 반복해서 말해 줍니다.

"너는 시작한 것을 끝까지 할 수 있는 사람이야."

어떤 직업군이든 일정 수준에 오른 사람들은 뛰어난 상위 1~2%의 사람들을 제외하고는, 대부분 '그만두지 않았기' 때문에 잘하는 것입니다. 이것은 매우 중요합니다. 뛰어난 사람들만 남는 게 아니라, 그만두지 않은 사람들이 같이 남습니다.

고유운동감각이 발달하면 나에게 유리하고 유익한 결과물을 얻을 수 있는 방향으로 내 몸을 움직일 수 있습니다. 시작만 하고 끝내지 못해 자신감을 얻을 기회를 놓친다면, 자신에게 불리한 방향으로 가고 있는 것입니다.

많은 전문가들이 자존감을 높이려면 작은 성취부터 이루는 연습을 하라고 합니다. 물론 몇 번의 작은 성취로 자존감이 금방 올라가지는 않습니다. 그럼에도 전문가들은 왜 그렇게 말할까요? 처음부터 장기간의 노력으로 큰 성취를 얻을 때 자존감이 높아진다고 하면, 시작조차 안 할 사람들이 많기 때문입니다. 그런 그들을 위해 하나씩 과정을 밟으라고 하는 것입니다. 작은 성취들이 모여 큰 성취감을 맛보게 해 줄 수 있습니다.

시작한 것을 끝내는 피아노 연습은 결과를 얻기에 유리한 동작들을 연결시키는 작업을 합니다. 피아니스트가 연주하는 모습을 유심히 보면 마치 손이 피아노 건반에 붙어 좌우로만 움직이는 것 같습니다. 불필요한 동작이 없습니다. 피아니스트는 건반 위에서 손을 최소한으로 움직여 악보의 음들을 짚습니다. 기술적으로 어려운 부분은 많은 연습이 필요합니다.

저는 글을 쓸 때 아직은 불필요한 동작으로 에너지를 많이 낭비하곤 합니다. 배우는 단계에 있기 때문입니다. 너무 긴 부연 설명, 반복, 과한 표현 등을 하면서 말입니다. 그래서 편집장님의 편집이 필요합니다. 그러나 피아노를 통해서 배운, 시작한 것을 끝내는 습관적 행위를 할 수 있습니다. 제 동작에 실수가 많고 부족해도 저는 크게 부끄러워하지 않고 글을 끝까지 쓸 수 있습니다. 지금 이 책을 쓰는 이유 중 하나도 예전 책의 부족함을 보완하기 위해서입니다. 저는 피아노 연습을 통해 알고 있습니다. 하던 것을 그만두지 않으면 점점 나아진다는 사실을요.

피아노를 배우면 무엇을 할 수 있을까요? 작가가 될 수도 있습니다. 글에도 시작과 끝이 있습니다. 끝까지 써야 글이 완성됩니다. 새로운 도전을 시작한다 해도 끝까지 남을 줄 알기 때문에 자기 삶을 이롭게 합니다. 악기 교육이 음악성을 기르고 연주자 양성에만 그 목적이 있다고 판단하는 것은 얕은 생각입니다. 내가 더 나아질 수 있는 사람이라는 믿음을 갖게 됩니다. 그래서 무언가를 하려 할 때 쉽게 그만두지 않게 도와줍니다.

진로 교육인가, 진로 방해인가

"선생님, 먹고살 만하세요?"

피아노라는 악기를 통해 '부자'가 되는 원리를 익힐 수 있었던 저는 이 질문에 당황하지 않습니다. 어떤 강사들은 청소년들로부터 이처럼 노골적인 질문을 받으면 당황해하거나 씁쓸해합니다. 부자가 되는 원리에 무지하다면 진로 교육을 할 때 학생들의 이런 질문에 불쾌감을 느낄 수 있습니다.

자기를 부자라고 여기지 않는 강사는 "이 일은 돈 생각하고 하면 안 된다" 혹은 "돈을 좇지 말고 좋아하는 일을 하면 돈이 따라온다"고 대답하곤 합니다. 물론 좋아서 시작한 일에 돈이 따라오는 경험이 있기에 저도 그 말을 하지만, 어른들끼리의 대화에서만 합니다. 아직 직접 돈을 벌어 본 경험이 없는 아이들에게는 가급적 하지 않습니다. 학생들에게 답하는 선비 같은 말 한마디는 사실 자신을 기만하고 있습니다. 또한 학생들이 그 분야에 발을 들여놓지 못하는 결과를 낳습니다.

아주 부유한 가정에서 살고 있는 게 아닌 다음에야 독립을 목표로 자신의 생계를 책임지기 위해 누구나 직업을 갖습니다. 하다 보니 좋아지는 일도 있고, 어떤 일은 수입이 적어도 정신적으로 주는 충만감에 지속하기도 합니다. 이것은 해 보기 전에는 절대 알 수 없고, 해 봐야 알 수 있습니다. 눈에 보이는 자신의 수입이 크지 않다는 이유로, 그런 질문을 한 학생을 마치 돈의 노예가 될 준비를 하는 것으로 치부하고 씁쓸해할 필요가 없습니다.

"이 직업을 가진 사람들 중에는 부자부터 그렇지 않은 사람들이 다양하게 있어요. 어떻게 활용하느냐에 따라서 여러분도 분명 자신이 원하는 부자가 될 수 있어요."

위와 같은 대답은 학생들이 그 분야를 경험할 수 있게 하고, 또 자기 길을 스스로 찾아가는 한 방편이 되게 합니다. 어떤 직업군이든 해당되는 명백한 사실이기 때문입니다.

진로 교육 강사가 "돈 생각하고 하면 안 되는 일이다"라는 말로 자신을 기만하고 씁쓸해하는 이유가 무엇일까요? 자신의 솔직하지 못한 모습에 실망해서입니다. 자신의 직업을 자아실현의 수단이 아닌, 생계유지의 수단으로 마주하고 있기 때문이죠. 많은 어른들이 돈을 중시하는 자본주의 세상 한가운데서 아이들이라고 돈에 관심이 없을 수가 있나요?

진로 교육 강사가 만약 자기 일을 좋아서 하고 있다면, 그는 일에 대한 자부심이 큰 것은 물론 그런 이유로 '돈 문제를 겪지 않는 시간 부자'가 이미 되어 있을 것입니다. 그러나 부자의 의미도, 부자가 되는 원리도 모른다면 그다지 원하는 일을 하고 있지 않은 것입니다. 하는 일에 대한 자부심 없는 사람의 기만적인 직업 소개는 타인의 진로를 방해할 뿐입니다. 내가 나를 속일 때 과연 나는 누구인가요? 그런 내가 자본주의의 노예가 아닌가요?

청소년 진로 교육에 초빙되는 강사들은 대부분 사회적으로 경제 활동을 하는 사람들입니다. 저는 주부들도 강사로 초빙되는 것을 고려해 봐야 한다고 생각합니다. 실제로 주부가 꿈인 학생들이 꽤 있습니다. 실제 주부인 사람들, 또 남자 주부로서 사는 사람들을 초빙해 고충, 만족도, 기쁨 등에 대해 이야기를 나눌 필요가 충분히 있습니다. 주부로 사는 사람들의 이유는 다양합니다. 진로를 결정하지 못해서, 하던 활동이나 상황을 잠시 정리하기 위해서, 적극적으로 선택해서 등 다양한 이유만큼 그들의 삶 또한 다릅니다. 그들의 이야기는 주부에 대해 오해하는 이들에게 가치가 있을 것입니다.

어쩔 수 없는 선택으로 주부가 된 사람의 경우, 진로를 탐색 중인 청소년들에게 더 현실적으로 공감하기 쉬운 이야기를 해줄 수 있습니다. 가정을 꾸리게 되면서 자신의 진로를 하루아침에 바꿔야 했고, 바뀐 뒤에는 고민이 없을 줄 알았는데 다시 새로운 진로를 찾고 싶어진다는 사실들에 대해서 말이죠. 어른들도 늘 진로를 고민하며, 그것은 매우 자연스러운 일임을 피부로 알게 되는 기회가 될 것입니다.

자녀가 진로를 찾지 못할까 봐 전전긍긍하는 부모라면 먼저 생각해 봐야 합니다. 당신은 진로를 찾았는지, 찾은 진로가 계속 이어지는지, 중간에 바뀌었는지 등. 지속하고 있다면 그 일이 삶의 기쁨으로 자리하는지, 아니면 어쩔 수 없이 이어 가는지 돌아봐야 할 것입니다.

악기 교육은 목적으로써도 중요하지만 수단으로써도 중요합니다. 내가 무엇을 가지고 있는지 안다는 것은 나에 대한 깊은 관심을 의미합니다. 어린아이 스스로 자신에 대해 관심을 갖고 이런저런 시도를 하는 것은 어렵습니다. 곁에 있는 어른들이 관심을 가져야 합니다. 그 아이가 무엇을 가지고 있고, 그것을 어떻게 쓸 수 있고, 무엇을 할 수 있는지 말입니다. 진로를 이끌어 주는 것과 진로를 방해하는 것, 그 종이 한 장의 차이를 고민해야 합니다.

내 자녀가 악기를 전공하고 싶어 한다는 말을 하면 악기를 제대로 배워 본 적 없는 사람들임에도 대부분 다음과 같은 반응을 보입니다.

"그거 먹고 살기 어려울 텐데?"

진로 방해는 이런 것입니다. 경험한 적 없어 모르는 사람들이 시작도 못하게 겁을 줍니다. 악기를 제대로 배워 본 경험이 없는 사람은 악기를 통해 감각이 살아나는 것을 전혀 알지 못합니다.

무언가를 하고 싶다면 그것을 잘하는 사람을 찾아가거나, 내가 해 보지 않았으니 자녀를 통해 어떤 것인지 배우고 경험하겠다는 마음을 가져야 합니다. 자녀를 믿어 주라는 이야기입니다. 많은 피아니스트들이 음악가 가정에서 자란 경우보다 자기 가정에서 최초의 연주자인 경우가 더 많습니다. 놀랍지 않나요? 그들은 개척자와도 같습니다.

개척하도록 하는 것이 진로를 끌어 주는 일입니다. 자기만의 움직임을 찾아갈 수 있게 방해하지 않는 것입니다. 이렇게 개척자가 되려는 연주자와 한 집에 사는 가정은 새로운 배움의 장이 됩니다. 겁먹은 사람들이 진로를 방해합니다. 방해만 하지 않는다면 자신의 진로는 스스로 찾아 가게 되어 있습니다.

4 장

균형감각, 열감각

내 몸과 연습 시간에 대한 통제 —

악기 교육을 비롯한 모든 예체능 교육은 균형감각의 발달에 있어 매우 중요한 역할을 합니다. 균형감각은 우리가 익히 알고 있는 감각입니다. 한쪽으로 치우치지 않고 균형을 잘 잡는 것은 지속적으로 노력을 하고 있는 것입니다. 따라서 악기 교육이 그 역할을 제대로 할 수 있기를 바란다면, 악기를 연습하는 목적을 분명하게 알고 있어야 합니다.

연습은 내 마음대로 통제되지 않는 몸을 점점 더 내 마음에 가깝게 통제하기 위해 거치는 과정입니다. 어린 아기가 처음 뒤집기를 할 때를 관찰해 보세요. 처음 시작할 때는 울고 답답해하고 짜증을 냅니다. 그러던 어느 날 울고 짜증 내는 시간이 점점 짧아지면서 결국 뒤집기에 성공합니다. 울고불고하던 아기는 이제 더 이상 짜증을 내지 않습니다. 아무 일 없다는 듯 다음 행동을 이어 나갑니다. 인형을 만지는 것이든 뭐든 말이죠. 어린 아기를 예로 들었지만 성인도 마찬가지입니다.

자기 몸에 대한 통제력이 부족한 사람일수록 화와 짜증을 많이 냅니다. 더군다나 명쾌한 정답이 있는 세상이 아니기에 불안해합니다.

제가 피아노 교육에서 가장 중요하게 생각하는 것이 불안을 잘 다스리는 사람으로 키우는 일입니다. 내 몸에 대한 통제력이 내게 있다는 사실을 연습을 통해 깨닫게 합니다. 그리고 그 통제력을 높이는 데 집중하게 합니다. 이것이 화와 불안을 다스리는 가장 효과적인 방법입니다.

많은 연습량으로 드디어 한 곡을 암보로 연주할 줄 알게 되면, 더 능숙하게 표현하기 위한 연습이 이어집니다. 그 과정에서 깨닫는 사실이 하나 있습니다. 마음처럼 움직이지 않던 손가락을 장시간 연습해서 개선하고 나면, 또 다른 문제가 보인다는 것입니다. 그 전까지는 전혀 문제되지 않았던 부분이 새롭게 발견됩니다. 그것을 장시간 연습해 개선하고 나면 또 다른 지점에서 문제가 나타납니다. 곡 하나를 치면서 문제가 해결되어 사라지는 것이 아니라 계속 여기저기서 나타납니다. 이 경험은 매우 중요합니다. 학생들은 종종 저에게 이렇게 말합니다.

"이렇게 오랜 기간(1년 이상 한 곡을 깊이 연습한 경우) 연습을 많이 한다고 해서 특별히 나아지는 것 같지 않아요."

지난주까지 분명 완벽했던 손가락들이 오늘 갑자기 말을 안 들어 학생은 당황해 합니다. 이런 말을 하는 학생은 드디어 스스로 배울 때가 온 것입니다.

많은 사람들이 자신에게 일어난 문제를 없애고 싶어 합니다. 그 문제의 실체가 정확히 뭔지도 모른 채 제거하려 합니다. 우리는 늘 문제를 안고 삽니다. 피아노 연습에서처럼 한 곡을 붙들고 있으면서도 계속 여기저기서 나타납니다. 무언가 또는 누군가를 붙들고 있는 동안에는 전체를 보지 못합니다. 세세한 부분에 얽매이게 되어 그로 인해 지체되는 것이 불편합니다. 사람들은 그것을 문제라고 여깁니다. 우리는 막힘없이 살기 위해 문제와 사투를 벌이는 것이 아닙니다. 우리의 삶은 지체되고, 다시 진행되고, 그러다 퇴보도 하는 그런 과정들의 반복입니다.

저는 연주회를 앞둔 학생들에게 연주 도중에 일어날지 모를 실수에 대해 미리 걱정하지 말라고 말합니다. 실수에 대한 면죄부를 주려는 것이 아니라, 완벽한 문제 해결이 존재하지 않는다는 걸 알려 주기 위해서입니다. 어떤 것을 문제라 여기고 붙들고 있을 때조차 그 문제의 실체가 불분명합니다.

정말로 문제라고 여기는 그것만 해결되면 실수나 결함 없이 완벽해지고 문제는 사라질까요? 결코 아닙니다. 내가 이렇게 헤매고 있을 때 무엇이 문제인지를 정확히 알 수 없어 불안과 걱정에 휩싸이게 됩니다. 그래서 상담을 받거나 해당 전문가를 찾아가 보기도 합니다. 내 문제가 도대체 무엇인지, 무엇을 어떻게 해야 지금의 상황을 해결할 수 있는지 알고 싶은 것이죠. 그러나 본질을 보지 않고 해결하려 하면 또 다른 데서 문제는 튀어나오기 마련입니다.

오랜 기간 피아노 연습을 하면서 어느 하나에 집착해 붙들고 있으면 지체될 수밖에 없습니다. '인간은 언제든 작은 것에 쉽게 매몰되는 문제가 있다'는 사실을 받아들이십시오. 그러면 지체된다고 화가 나거나 불안해하지 않을 수 있습니다. 피아노 연습에서 악보 몇 마디에 매몰되었다가 풀려나기를 수없이 반복한 경험이, 오히려 그것을 붙들고 있는 순간을 즐길 수 있게 해 줍니다.

완벽한 해결을 위해 전전긍긍할 것이 아니라, 거기서 풀려나는 원리와 풀려났을 때 찾아오는 기쁨을 알고 지체되는 시기를 기꺼이 받아들이세요.

자신으로 인해 지체되는 문제를 회피하는 사람은 식구들을 그 핑계의 수단으로 끌어당깁니다. 그렇게 갈등을 만들어 냅니다. 인간은 작은 구멍에 매몰된 채 균형을 잃기 쉬운 존재입니다.

저는 연주 도중에 다른 건반을 누르는 실수를 할까 걱정하는 학생들에게 이렇게 말해 줍니다.

"대가들도 완벽하지 않아. 그리고 실수는 나쁜 게 아니야. 정말 심각하고 형편없는 것은 노래(음악적 표현)하지 않는 것이지. 실수가 없는데 노래를 안 하는 것은 연주에 집중하지 않고 딴 생각을 한다는 것이지. 그건 연주가 아니야. 실수가 있더라도 개의치 말고 속으로 노래 부르는 것을 잊으면 안 된다. 그게 음악이야."

그동안 음악적인 것과 그렇지 않은 것을 알고 연습한 학생은 이 말이 무슨 뜻인지 잘 압니다. 악기 연주의 큰 목적은 음의 움직임에 집중하는 것입니다. 세세한 것보다는 전체적인 것에 눈을 돌릴 줄 알아야 합니다. 그런 방향성으로 연습한 학생들은 실제로 실수가 줄어들고 사라집니다.

작은 것을 전체인 양 여기고 거기에 매몰되어 지체되고 있는 자신을 자각하는 것이 중요합니다. 거기서 빠져나가기를 무수히 반복한 사람은 그 어떤 것도 자기 삶을 방해할 수 없음을 알게 됩니다.

다른 누가 아닌 내가 지체시켰음을 받아들인 날 드디어 삶이 편안해질 것입니다. 나로 인해 지체된 경험을 많이 쌓아야 합니다. 그런 경험을 피해서 살아간다면 오히려 다른 사람들의 상황에 매몰됩니다. 그리고 내 상황이라 착각하고 "그들 때문에 힘들다"고 몸살을 앓습니다.

악기 교육은 문제를 받아들이고 풀어내는 연습을 하게 합니다. 악보를 외울 정도로 장기간 연습을 해 본 사람만이 그 연습을 감당할 수 있습니다. 무엇이든 적당히 배워서는 배움의 실용성을 알지 못합니다. 힘을 빼고 전체를 보아야 한다는 진부한 말을 알면서도 실천하지 못하는 이유가 이것입니다. 추상적인 개념으로만 머릿속에 있기 때문입니다. 말로 하는 데는 3초도 안 걸리는 한 문장의 개념이 장시간에 걸쳐 피아노를 배우면서 몸으로 체득됩니다. 일단 그 개념을 체득하고 나면 지체되더라도 불안하지 않습니다.

여기서 주의할 점이 있습니다. 내 몸을 통제하는 데 집중하는 연습 자체에 집착하지 말아야 합니다. 이로운 습관으로써 꾸준히 행해져야 합니다. 많은 시간을 홀로 연습하며 보낸다면 당연히 실력이 향상될 것입니다. 하지만 일상의 균형을 잃고 한가지 행위에만 매달린다면, 그것은 의존적인 행동일 뿐입니다.

의존적인 행동은 강박이나 결핍이 클 때 나옵니다. 연습이라는 행위 자체가 결핍을 채워, 그 행위에 의존하게 됩니다. 결핍을 채우려 할 때 주변은 보이지 않게 됩니다. 주변 사람들과의 관계를 잃고 혼자가 됩니다. 시험을 준비하는 전공생도 아닌데 하루 종일 연습한다면 다시 생각해 봐야 합니다. 홀로 연습만 하느라 세상에 균형을 잃고 서 있는 것은 아닌지 부모가 살펴줘야 합니다.

연습 약속을 자주 번복하고 게을리하면 이 역시도 균형감각을 잃은 것입니다. 연주회를 앞두고 6개월에서 1년 정도는 다른 활동을 자제하거나 멈출 수 있어야 합니다. 물론 연습에 열정이 없는 아이들을 전공을 시키겠다는 어른들의 사욕으로 붙잡아 두고 연습을 시키는 일은 지양해야 할 것입니다.

중심 잡기는 처음부터 가능하지 않습니다. 하나의 동작을 반복하는 과정에서 얻을 수 있는 능력입니다. 연습량이 많을수록 중심 잡기가 수월해집니다. 균형감각은 이렇게 인간의 발달과정에서 반복 연습을 통해 서서히 획득할 수 있습니다. 단, 연습 시간만 길다고 해서 중심을 잘 잡는 것이 아님을 기억하시기 바랍니다.

하나의 피아노 건반을 정확히 눌러야 하는데 손끝을 정조준하지 못하면 두 개의 건반을 동시에 누르는 실수를 하게 됩니다. 이때 실수를 알아차리는 사람은 연습을 통해 실수를 줄여나가고 결국 개선됩니다. 그러나 실수했다는 것을 모르는 사람은 한참을 잘못된 방식으로 연습합니다. 실수는 개선되지 않습니다. 그러니 연습을 통해 균형감각을 키우려면 내 몸의 경계를 느끼는 촉각의 도움도 필요합니다. 또 악기 교육은 실수를 바로잡기 위해 청각의 도움 역시 필요합니다.

획일화

　많은 사람들이 세상의 획일화를 비난하고 원망하면서도 그 획일성에 집착합니다. 획일화가 되는 원인 중 하나는 자기가 직접 관찰자가 되어 세상을 보는 것이 아니라, 소수의 눈을 안경으로 삼아 세상을 보는 척하는 게으름 때문입니다. 대중매체의 노예가 되면 획일화의 늪에 빠집니다. 잘 알지 못하는 연주자의 음악을 좋아하는 척, 감동받은 척합니다.

　제18회 쇼팽 국제 콩쿠르에서 파이널까지 진출한 이혁이라는 아름다운 피아니스트를 혹시 아십니까? 그 후 그는 훌륭한 이력을 쌓아가며 살고 있습니다. 이전 대회 우승자인 조성진 피아니스트는 사람들에게 많이 알려져 있습니다. 우승자로 여러 대중 매체에 노출되었기 때문입니다. 클래식 음악에 조예가 없는 사람들도 쇼팽 콩쿠르 심사 위원들의 생각에 영향을 받아 조성진 피아니스트가 연주한 쇼팽의 녹턴 연주가 아름답다고 말합니다. 물론 그의 연주를 들어보면 매우 아름답습니다.

　녹턴은 쇼팽의 전유물이 아닌 낭만주의 시대부터 두드러진 음악 장르입니다. 전 세계 많은 작곡가들이 작곡한 다양하고 아름다운 녹턴들이 존재합니다. 녹턴이 세상에 더 많이 알려지는 데 기여한 사람은 아일랜드의 작곡가이자 피아니스트인 존 필드 John Field(1782-1837)입니다.

녹턴이라는 장르 자체가 눈물 나게 아름다운 곡들입니다. 그것을 알지 못하는 사람들은 블라인드 테스트로 조성진 피아니스트의 연주를 맞춰 보라고 하면 당황할 것입니다. 온전히 자기의 귀로 '들어 본 적'이 없기 때문입니다.

저는 쇼팽의 녹턴을 먼저 접한 뒤 스무 살이 되어서야 존 필드의 녹턴을 처음 감상하게 되었습니다. 그의 녹턴과 쇼팽의 녹턴에서 매우 흡사한 패턴이 있음을 보았습니다. 실제로 쇼팽이 그에게서 영향을 받은 흔적이 보입니다.

쇼팽이 존 필드의 후대에 나온 작곡가이기 때문에 쇼팽의 것을 먼저 들은 사람들 귀에는, 존 필드의 것이 수수하고 소박한 음악으로 들립니다. 확실히 쇼팽의 녹턴에서 세련됨을 느낄 수 있습니다. 존 필드의 녹턴이 없었다면 쇼팽의 녹턴이 나올 수 있었을까요? 알 수 없지만 두 작곡가가 만든 녹턴의 패턴과 분위기는 (다른 작곡가들의 녹턴과 비교해 봐도) 유사합니다.

존 필드 「녹턴 No. 5」 일부

쇼팽「녹턴 Op. 27 No. 2」일부

차이코프스키 「녹턴 Op. 19 No. 4」 일부

쇼팽 「녹턴 Op. 9 No. 2」일부

자기 귀로 쇼팽의 녹턴을 들어본 적 없는 사람은 쇼팽의 「녹턴 Op.9 No.2」 또는 조성진 씨가 연주한 몇 곡 정도만 알 것입니다. 대중매체 여기저기에(특히 광고) 나왔기 때문입니다. 심지어 곡의 제목을 녹턴이라 오해할 정도죠.

모두가 한 곳을 볼 때 거기에 적극적으로 동참하는 사람들 마음 한편에는 소외될까 두려워하는 마음이 있습니다. 그 두려움이 때로는 분노로 바뀌어 정의를 추구하는 양 세상의 불평등에 화를 내기도 합니다. 다 똑같아야 한다고 주장하는 격입니다. 모두 똑같아질 때 벌어지는 문제들의 심각성을 인지하지 못합니다. 세상을 직접 관찰하려 한 적이 없기 때문입니다. 다른 방법은 생각도 않고 대중매체의 노예가 되어 믿고 맙니다.

악보의 쉼표

악보에서 쉼표가 나오면 그 부분에서는 아무 소리가 나지 않게 연습해야 합니다. 쉼표를 연주하는 것은 어렵습니다. 단순한 멈춤이 아니라 바로 다음에 나올 음과 연관되기 때문입니다. 그래서 쉼표를 제대로 표현해 줘야 합니다. 음이 점점 커지는 쉼표가 있고, 작아지다 사라지는 쉼표도 있습니다.

음표를 연주하다 쉼표가 나오는 순간 저는 학생들에게 아무 소리도 나지 않는 것, 정적 속에서 무언가 확장되고 있음을 직접 들려줍니다. 그리고 그 자리에서 학생들이 여러 번 반복 연습하게 합니다. 연습한 것을 잘 유지하라는 당부도 합니다. 학생들은 쉼표를 통해 아무 소리가 나지 않지만, 무언가가 이뤄지는 연습을 반복합니다.

멈춘 적 없는 또는 멈출 줄 모르는 사람들, 쉼표 없이 사는 사람들은 자발적으로 무엇을 해야겠다는 감각을 갖기 어렵습니다. 이것이 무슨 의미일까요? 알 수 없는 외부의 힘에 압도당한 채 자기를 몰아세워 그것이 자기가 원하는 것이라고 착각합니다. 어느 날 그는 지친 나머지 "내가 왜 이것을 하고 있지?"라고 자문하게 됩니다. 하지만 "여기까지 왔는데 그만두는 것은 아깝지"라는 무의식적인 합리화로 자신을 끝까지 몰아갑니다.

음악 교육에서 쉼표를 가르치는 일은 멈추고 사유하는 연습을 시키는 것입니다. 이 음에서 저 음으로 분주하게 돌아다니느라, 이 음을 연주하면서 다음의 음을 생각하느라, 내가 '지금' 무슨 음을 어떻게 연주하는지 모르는 상태가 되지 않게 하는 것입니다.

후각에서도 이야기했지만 많은 사람들이 내가 지금 무엇을 하는지 모르는 경우가 많습니다. 이것은 자발적인 행위가 아닌 자동화된 행위입니다.

학생들 중에는 피아노를 치다가 실수를 하면 실수한 부분을 연습하지 않고, 처음부터 다시 하는 학생들이 있습니다. 이들은 듣지 않는 것입니다. 멈추고 들어 본 적이 없어 실수한 부분부터 시작하지 못하는 것입니다.

내가 지금 어디를, 어떤 음을 연주하고 있었는지 전혀 모릅니다. 마치 시작 버튼을 누르면 자동으로 끝까지 임무를 해치우는 기계적인 상태로 처음부터 시작해야 완주가 가능합니다. 중간부터 하지 못하는 것은 듣지 않고 손이 알아서 돌아다니게 놔둔 결과입니다.

실수 개선법

실수를 개선하는 데 무조건 처음부터 하면 더 긴 시간이 소요됩니다. 처음으로 돌아가 다시 시작하는 동안 자기가 아까 무슨 실수를 했는지, 왜 처음부터 다시 연주하는지 잊어버리기 때문입니다. 그래서 똑같은 실수를 또 반복합니다. 처음부터 끝까지 완벽해야 하는 완벽주의자 역시 그래서 완벽해지기 어렵습니다.

효과적인 실수 개선법은 실수가 일어난 마디에서 멈춰 반복 연습을 한 뒤, 실수하기 바로 직전의 부분과 이어서 치는 연습을 하는 것입니다. 어른들도 마찬가지입니다. 아직 시작일 뿐인데 잘못하면 안 된다고 생각하는 사람은 스스로 자기 성장을 지체시킵니다.

실수를 개선하겠다고 처음부터 다시 하고 또 처음부터 다시 하면 지칩니다. 진짜 해야 할 일을 못하게 됩니다. 무조건 처음부터 다시 하겠다고 고집을 부리는 아이들이 있습니다. 그 의지는 대단합니다. 하지만 그들은 음악을 연주하기보다는 임무를 해치우겠다는 생각에 사로잡혀 있습니다.

그 의지가 지치거나 꺾이지 않으려면 교사는 학생의 존경심을 불러일으키는 위치에 있어야 합니다. 순종적인 아이를 만들려는 것이 아니라, 그래야 정말로 가르쳐야 할 것을 가르칠 수 있기 때문입니다. 따라서 교사도 연습을 게을리해서는 안 됩니다. 학생들에게는 특히 사람에 대한 신뢰와 주도적으로 행동할 수 있는 자율성이 중요합니다. 그들에게 교사가 직접 보여 줌으로써 교사의 말에 신빙성을 더해 줄 수 있습니다.

실수를 반복하는 학생 곁에서 교사는 처음부터 다시 하려는 것을 잠시 멈추게 하는 역할을 합니다. 제대로 몸을 가눌 수 있는 감각을 잘 발달시키려면 아기가 뒤집는 동작을 반복 연습하듯 동일한 동작을 반복해야 합니다.

어떤 학생은 피아노 앞에 앉아 매일 몇 시간씩 연습했다고 말을 합니다. 사실입니다. 그는 피로감이 커질 정도로 집에서 장시간 피아노를 쳤지만, 여전히 쉼표에서 손을 떼지 못하는 실수를 개선하지 못합니다. 이것은 연습했다고 할 수 없습니다. 이런 경우를 대비해 학생들에게 하루 연습 시간을 제한해 주는 것이 좋습니다.

생명감각의 장에서 피아노를 치고는 있지만 연습이 아닌 경우 피아노를 현실 도피 수단으로 이용하기 때문이라고 했습니다. 현실을 잠깐 벗어나 있는 시간은 누구에게나 어느 정도는 필요합니다. 매순간 깨어 있을 수 없기 때문입니다. 그러나 그런 도피의 시간이 장기화되는 것은 위험합니다. 그것이 세상과 마주하는 힘을 점점 약하게 만들기 때문입니다. 세상과 마주하는 힘이 약하면 세상은 부담스러운 곳이 됩니다. 그래서 현실 속 문제 앞에서 쉽게 피곤해지고 쉽게 지칩니다.

거실의 피아노

여러분은 누군가가 악기 연습 중에 같은 구간만 반복해서 연습하는 소리를 들어 본 적이 있나요? 몇 시간 동안 반복되는 그 소리는 공사장 소음과 다르지 않을 정도로 정말 듣기 힘듭니다. 낭만주의 시대를 대표하는 작곡가 쇼팽이 작곡한 아름다운 화성이라 해도 전혀 아름답게 들리지 않습니다.

그런 소음 같은 소리를 내며 연습하는 사람은 어떨까요? 자신과의 씨름을 하는 그 역시 그러고 싶지 않을 것입니다. 그는 고민하고 인내하는 중입니다. 악기 연습으로 한쪽으로 치우치지 않고 제대로 움직일 수 있는 균형감각을 발달시키는 행위가 생명감각을 단련시키면서 사고감각도 키우고 있는 것입니다.

이런 연습을 해야 하는데, 만약 피아노가 거실처럼 공동으로 사용하는 열린 공간에 있다면 어떨까요? 마음처럼 잘 안 되는 내 모습을 보여 주고 싶은 청소년은 없습니다. 버벅거리고 부족한 상태로 연습하는데 누가 옆에 있으면, 그 사람이 아무리 자기 할 일만 하고 있다 해도 신경이 쓰입니다.

거기에 더해 "악보를 보고 쳐야지…"부터 시작해 온갖 합리적이지도 않고 근거도 없는 비전문가들의 훈수가 이어진다면 어떨까요? 제대로 연습할 수 없는 것은 불 보듯 뻔합니다.

연습이란 지금 여기에 집중하는 행위입니다. 사정 상 거실의 피아노를 방으로 옮길 수 없다면, 학생이 연습할 때 다른 식구들은 방으로 들어가 주는 것이 좋습니다.

타고난 음악성이 있어도 기술적인 부분은 원한다고 단번에 얻을 수 있는 것이 아닙니다. 반드시 반복 연습을 통해 얻을 수 있습니다. 그래서 악기 교육은 누구에게 불리하고 누구에게 유리하지 않습니다. 반복 연습 없이는 기술적인 발전을 이룰 수 없다는 전제가 모두에게 적용되기 때문입니다.

내 몸을 통제하는 경험이 쌓이면 '나는 할 수 있는 사람'이라는 믿음이 생깁니다. 이 믿음이 생기고 나면 몇 번 해 보고 되지 않을 거라고 쉽게 포기하지 않습니다. 도전하고 또 도전하는 긍정적인 자세가 결국 좋은 결과를 낳습니다. 세상을 살아가는 데 필요한 자신감이 점점 커집니다.

학생이 꼬박 3년을 집중 연습해 겨우 얻은 고난이도 기술을 시간 부자인 교사는 학생에게 바로 보여 줄 수 있습니다. 교사도 과거에는 눈물을 쏟을 만큼 어려웠던 그 기술을 지금은 자다 일어나서도 할 수 있을 정도로 쉬워진 것입니다.

어른들에게 이런 경험이 있다면 쉽게 살고 싶어 하는 아이들을 무작정 걱정하지 않습니다. 이런 경험이 없다면 쉽게 살려는 것을 게으르고 부도덕한 것으로 여길지 모릅니다. 세상의 단편만 아는 것이기 때문입니다.

내가 겪어보지 않아서, 나로서는 겪을 수 없는 일들이라 해서 부정적으로 비난하는 것은 잘못입니다. 원리를 체득하지 못한 어른들이 그런 실수를 합니다. 굳이 악기가 아니어도 장기간 연습을 통해 어떤 행위가 수월해지는 경험을 한 어른들은 쉬운 삶에 대해 오해하지 않습니다. 그런 이해가 부족하면 세상이 불공평하다고 왜곡합니다.

악기 교육을 통해 쉽다는 것, 쉬워지는 과정을 체득합니다. 악기 교육이 지닌 또 다른 목적이기도 합니다. 시작 단계에서 귀찮다고 피하지 않고 인내한 사람에게 쉬운 삶, 수월한 삶이 주어집니다.

쉬운 삶에 대한 개념을 체득하지 못하고, 세상에 분명 편한 일이 있을 거라는 환상에 빠진 사람들이 있습니다. 그들에게는 세상 모든 일이 손 댈 엄두가 안 날 정도로 어렵게만 느껴집니다. 직업을 갖고 그 일에 집중하는 사람들이 모두 고생하는 것처럼 보입니다.

그들은 자신의 삶이 편하지 않은 이유를 알지 못합니다. 그래서 내 자녀가 편한 삶을 살기를 바라지만, 방향 제시를 할 줄 몰라 결국 다수의 욕망을 따라갑니다. 고민 없이, 그냥 편하게 그럴싸하게 보이는 길을 선택합니다. 수월해지는 과정을 직접 경험해야 하는 이유가 여기에 있습니다.

"나는 내 자녀가 행복하기를 바랍니다. 공부를 잘하지 않아도 돼요. 그게 전부예요."

많은 부모들이 이처럼 말합니다. 편한 것, 행복한 것이 무엇인지 모른 채, 내 자녀가 그렇게 살기를 바라는 것은 어떤 환상 속의 삶을 살기를 바란다는 말밖에 되지 않습니다.

부모가 바라는 자녀의 행복은 그저 '모르는' 어떤 것에 대한 동경일 뿐입니다. 내가 행복하지 않고 편안하지 않은 이유는 내가 무엇을 원하는지 모르기 때문입니다. 단지 경제력이 부족하다거나 좋은 직업을 갖지 못해서가 아닙니다.

자신의 행복에 관심이 없는 부모는 자녀의 행복이 남의 욕망을 따르는 데서 올 거라고 믿어 버립니다. 편한 것, 행복한 것, 그것은 자기 앞에 닦여 있는 길이 아닙니다. 내가 닦으면서 길을 낼 때 발견할 수 있는 것들입니다.

암보

다른 관현악기들은 단선율을 연주하지만 피아노는 여러 선율을 동시에 연주합니다. 다른 악기에 비해 연주할 음들이 많다는 그 이상의 의미가 있는데요. 바로 선율들 간의 균형이 중요합니다.

앞서 보여 드린 슈베르트 악보를 떠올려 보세요. 연주할 때는 암보(악보를 외워 기억함) 연주를 합니다. 모든 선율과 화성을 다 외워야 합니다. 피아노를 배울 때 악보는 엄마와 같습니다. 엄마 없이 바흐를 만날 수 없습니다. 엄마가 꼭 있어야 합니다. 어느 정도 배우고 나면 엄마 없이 연주해야 합니다.

엄마가 옆에 있으면 잘하던 것도 안 하고 엄마만 쳐다보는 어린아이들을 생각해 보세요. 엄마가 없는 곳에서는 집에서도 안 먹는 김치를 먹기도 합니다. 엄마 없이 연주하는 암보 연습은 자립심을 키우는 데 큰 역할을 합니다. 온전히 나 혼자서 할 수 있다는 느낌을 받게 합니다.

신기한 이야기를 해 드리겠습니다. 악보를 분명히 다 외웠는데도 불구하고 악보 없이 연주하려 하면 긴장도가 많이 올라갑니다. 그래서 악보를 보지 않지만 보면대에 악보를 올려놓습니다. 마음이 편안해지기 때문입니다. 언제든 넘어지면 나를 받아 줄 엄마가 바로 앞에 있는 느낌입니다. 그래서 어떤 연주자는 악보를 들고 입장해 의자에 깔고 앉아 연주하기도 합니다. 그만큼 연주자에게 악보는 큰 힘을 행사합니다.

암보로 연주하면 악보로부터 떨어져 더 자유로운 표현이 가능해집니다. 프레젠테이션할 때 써 온 것을 보고 줄줄 읽는 것보다, 머릿속에 이미 만들어져 있는 이야기를 하는 것이 더 잘 들리는 것과 같습니다.『배움의 시작 모방과 본보기』에서 저는 연주자를 이렇게 표현했었습니다. 청중들에게 작곡가를 소개시켜 주는 사람이라고요.

내가 잘 모르는 사람을 누군가에게 대충 소개한다면, 소개받는 사람이나 소개되는 사람 모두에게 민폐가 될 것입니다. 연주자는 작곡가를 제대로 소개하려고 노력해야 합니다. 그러기 위해 연습하는 것입니다.

연주회장에는 간혹 소리 내어 장난치는 어린이도 있고, 기침을 멈추지 못하거나 물건을 쿵 하고 떨어뜨리는 관객도 있습니다. 그럼에도 연주자는 연주를 합니다. 균형감각은 지금 이 순간에 집중해야 할 것에 집중할 수 있게 해 주는 감각입니다.

연습량이 많은 상태에서는 중심 잡는 일이 수월해 주변의 방해에도 흔들리지 않습니다. 그렇지 않다면 기침 소리에도 연주를 망칠 것입니다. 물론 연주회장에서는 소음을 내지 않도록 주의해야 합니다.

성장하면서 연습을 통해 결과를 얻는 작업을 꾸준히 해온 사람은 살면서 남들의 불필요한 참견에 쉽게 흔들리지 않습니다. 그것이 지금 이 순간 여기에서 중요하지 않다는 것, 그리고 자기 통제권이 자신에게 있다는 것을 잘 알기 때문입니다.

건반의 무게

악기 연주자들은 자신의 악기를 가지고 다니며 연주합니다. 피아니스트는 그러기가 어렵습니다. 매우 드물게 자기 피아노를 가지고 다니는 경우도 있지만, 대부분 연주회장에 있는 피아노로 연주합니다. 그런데 피아노마다 건반의 무게가 다릅니다. 초보 연주자의 경우 거기에 쉽게 영향을 받습니다.

본인이 연습하던 건반 무게와 연주회장의 건반 무게가 다르면 매우 당황합니다. 자신의 연주가 마음에 들지 않으면 건반이 너무 가벼워서 혹은 무거워서 연주를 못한 것으로 생각하곤 합니다.

피아니스트의 임무는 내가 만지는 피아노로 좋은 소리를 내는 것입니다. 내 몸의 힘을 조절하면서 말이죠. 저를 가르쳐 주셨던 선생님은 연주회 날 갑자기 댐퍼 페달이 고장난 피아노로 연주한다고 상상해 보라고 하셨습니다. 손을 떼지 않고 연주하기 어려운 부분들을 최대한 이어서 치는 연습을 시키시기도 했습니다. 충분한 연습이 되어 있지 않으면 상황에 맞는 힘 조절을 할 수 있는 여유가 없습니다.

내가 상상한 것과 다른 경우의 수가 생겼을 때 시간적 여유가 있으면 조절이 가능해집니다. 어떤 일이 갑자기 벌어졌을 때 여유가 그것을 해결하게 합니다.

피아노를 꾸준히 다루는 일은 내가 가진 것으로 문제 해결 방법을 찾는 습관이 들이는 일이기도 합니다. 당장 바꿀 수 없는 연장 탓을 하는 것이 아닌, 대체 가능한 것을 찾도록 만듭니다.

많은 시간을 들여 제대로 중심 잡는 연습을 한 사람들은 자신이 하고자 하는 걸 제대로 해내지 못할까 봐 불안해하지 않습니다. 돌발 상황을 빨리 받아들이고 대처합니다.

사람들은 종종 자기가 경제적으로 풍족했다면 능력을 더 쉽게 펼쳤을 거라고 생각합니다. 그러나 정작 누군가 나타나 이름을 대고 아낌없이 지원한다고 하면 부담감 때문에 대부분 뒷걸음칠 것입니다.

재정적 지원만 있다면 쇼팽의 발라드 악보(다음 페이지 참조)를 읽을 수 있을까요? 재정적 지원만 있다면 하루에 8시간씩 연습할 수 있을까요? 자본주의 사회에서 많은 사람들이 스스로 집중하지 못하는 이유를 돈에서 찾습니다. 그것은 생명감각이 단련되지 않은 나를 은폐시키는 그럴싸한 핑계일 뿐입니다.

쇼팽 「발라드 Op. 23」 일부

열정이 바꿔 놓는 같은 피아노, 다른 소리

같은 피아노인데 선생님은 아름다운 소리를 내고, 나는 그렇지 못하다면 피아노 문제가 아니라 내 문제임을 알 것입니다. 집한 채 값에 맞먹는 세계적으로 유명한 피아노가 필요할 줄 알았는데, 그게 문제가 아니란 걸 알게 되죠.

어느 날 한 학생이 제게 이렇게 말했습니다.

"선생님만큼 칠 수 있게 되면 피아노를 그만둘 거예요."

이 말은 상당히 인상적으로 와닿았습니다. 학생은 단순히 선생님처럼 잘 치고 싶다는 의미로 한 말일 수 있습니다. 하지만 제게는 교사의 본분인 끊임없는 연마를 각성시켜 주는 말이었습니다.

악기 수업은 말로만 통하는 이론 수업이 아닌 실기 수업입니다. 직접 소리의 질을 경험할 수 있게 연주를 들려주면 학생들은 빨리 이해하고 따라합니다. 이때 자기가 내는 소리와 교사가 내는 소리의 질이 확연히 다르다는 것을 알게 됩니다. 그렇다고 자신에게 실망하지 않습니다. 혹 실망하는 학생에게는 이렇게 말해 줍니다.

"선생님도 이렇게 되기까지 십수 년이 걸렸단다."

제가 학생이었을 때 저 역시 선생님이 내는 소리를 내 보고 싶은 열망을 가졌습니다. 저를 가르쳐 주셨던 선생님의 열정을 생생히 기억합니다. 최대한 제가 깨달을 수 있도록 온 몸으로 표현하셨던 진심을 느꼈습니다. 그래서 저는 제게 실망하지 않고 선생님처럼 해 보자는 열망을 가질 수 있었습니다.

예술을 공부하는 과정에서 명성만 있고 자기 일은 대충하는 사람들을 만나는 경우가 있습니다. 그들은 제자들에게 물질적인 대접을 착취하듯 요구하기도 합니다. 안타깝게도 그런 사람에게 배우는 학생들의 경우 예술 활동을 지속하기 어렵겠다는 오해를 하고 공부 과정을 포기합니다. 예술 활동을 지속하기 어려운 것이 아니라 잘못된 본보기를 만났을 뿐입니다.

예술은 누가 시켜 주는 것이 아니라는 사실 하나만 기억하십시오. 그러면 그런 사람에게만 배울 수 있는 게 아니라는 결론을 쉽게 내릴 수 있습니다. 예술이 지닌 가장 큰 관대함은 내가 무엇을 원하는지만 알면 어디서든 실천할 수 있다는 점입니다.

저는 진심으로 열정적인 분들을 만나 아낌없는 후원도 받을 수 있었고, 인간적인 배움을 얻을 수 있어서 행운이었습니다. 우리는 자신의 좋은 경험을 공유하고 싶어 합니다. 저의 선생님들로부터 좋은 것을 경험했고 받은 사랑이 너무 큽니다. 하지만 제 수준에서 다 돌려 드릴 수 없어 부채감이 남아 있습니다.

열은 높은 쪽에서 낮은 쪽으로 옮겨갑니다. 선생님들은 아마도 돌아올 것을 바라고 열정을 전하신 것은 아닐 것입니다. 다른 사람에게 그 열정을 전하기를 바라셨을 것입니다. 이 땅의 순수한 열정을 가진 스승들은 그것을 제일 바랄 것입니다. 부모뿐만 아니라 주변 사람들로부터 인간적인 온기를 충분히 받으며 성장한 아이는 주변을 따뜻하게 할 줄 아는 인간이 됩니다.

시작할 때의 열정을 오랫동안 갖고 있기란 어려운 일입니다. 때로 예기치 못한 상황들이 우리를 방해합니다. 그래서 자기 연마가 필요합니다. 자기 연마는 나를 마주하는 시간이고, 나를 돌아보게 해 다시 중심을 잡을 수 있습니다.

육체적 노동이 지배적이었던 시대, 교통수단이 발달하지 않았던 시대에는 자급자족하는 삶 자체가 자기 연마가 되기도 했습니다. 현대인의 삶은 엄청난 기술의 발전으로 일상에서 오는 자기 연마가 어려운 상황입니다. 나를 마주할 시간이 거의 없는 것입니다. 내가 나를 만나지 않는 것은 비극입니다. 열정이 식었다는 것조차 인식하지 못하기 때문입니다.

과하다 싶을 정도로 일을 많이 하는 사람은 그 일에 대한 자신의 열정이 진작에 식었음을 모르는 경우도 많습니다. 열정이 아닌, 중독이고 의존인 경우들이 있습니다. 그것을 붙잡고 있지 않으면 안 될 것 같아 붙들고 있는 것입니다. 그러다 약간의 틈이 생기면 그의 의존성은 번아웃이라는 극단적 형태를 드러냅니다.

의존적인 생활 패턴에 휘말리면 우리는 더 많은 돈을 필요로 합니다. 어쩔 수 없이 하루하루 살아가는 자신이 무능하고 무가치하게 느껴지기 때문입니다. 자발적, 생산적 활동을 하지 않을 경우 직업 유무와 관계없이 무능감을 느낍니다. 그런 느낌에서 벗어나려고 더 많은 돈을 가지려 발버둥을 칩니다.

자기 무능감이 어디에서 오는지 고민하지 않으면 자신은 물론, 자신의 하루에 대해 무관심하고 허투루 씁니다. 자신에게서 멀어진 사람일수록 생산적 활동을 하지 않습니다. 그만큼 생산력도 떨어집니다.

생산력은 내가 주체가 되어 행동하는 힘입니다. 존 필드가 녹턴을 작곡한 일은 높은 생산력이 만든 것입니다. 그에게 영향을 받아 쇼팽이 좀 더 세련된 녹턴을 작곡한 것도 그렇습니다. 그의 녹턴을 연주하기 위해 해석하고 자기 스타일로 표현하는 연주자 역시 높은 생산력을 발휘한 것입니다. 연주를 감상한 평론가가 말한 느낌대로가 아닌, 나만의 느낌을 찾아가는 감상자 역시 높은 생산력을 보여 줍니다. 내가 무엇을 하는지 알 때 생산력이 높아지고, 열정 있는 사람이 됩니다.

자신에게 정말 중요한 것

연주자는 어떤 곡을 연습하기가 수월해지면 그것보다 살짝 버거운 곡으로 연습합니다. 자신의 부족함을 다시 마주하고 마음을 다잡습니다. 이렇게 중심 잡는 연습이 연속해서 일어납니다. 자신의 행위를 경건하게 대하고 그것이 자기 연마로 이어집니다. 그것은 피아노가 아닌 요가 수행이 될 수도, 등산이 될 수도 있을 것입니다.

자신의 취약함이나 부족함을 마주하는 일이 끔찍한 사람들은 자기 연마를 벌로 생각합니다. 그것을 마주해야 내게 무엇이 필요하고, 무엇이 중요한지 알 수 있는데도 말입니다. 나의 부족함을 제대로 직면하는 순간, 필요하다고 착각한 것들이 하나씩 사라집니다. 자기 연마는 자신에게 집중할 수 있는 기회를 제공합니다.

자본주의 사회에서 진정한 풍요의 길인 자기 연마가 일상이 된다면, 그보다 좋은 일은 없을 것입니다. 성장 과정 중에 아이들이 악기 교육을 받는다면, 자기 연마 습관을 수월하게 체득할 수 있습니다. 물론 성인이 된 후에도 할 수 있습니다. 단, 두려움이 더 커지는 문제는 있을 수 있습니다. 성인이 되어 자신의 모자람을 마주할 때는 더 큰 용기가 필요하기 때문입니다. 모든 교육은 학문 탐구로써도 의미가 있지만, 자신을 갈고 닦는 자기 연마로 풍족함을 경험할 수 있어 이롭습니다.

교사가 연습에 경건한 자세로 임하면 어떤 식으로든 학생들에게 자극이 됩니다. 저는 지난 몇 년간 국민들을 스스로 감금시키게 한 바이러스 대사건으로 연주회를 열기 어려워지자, 직접 소품곡을 연주해 동영상으로 찍어 온라인에 잠시 주기적으로 올렸었습니다. 온라인 영상이었지만 감사하게도 저를 보고 피아노를 치고 싶어 연습을 시작했다는 학생들이 있었습니다.

한여름에 땀을 흘리면서도 마스크를 쓰는 사람, 마스크 내부에 심한 습기로 세균 번식을 일으키는 상태에도 장시간 착용하는 사람은 더 이상 만화 속 허구의 인물이 아니게 되었습니다. 2020년 이후 현실 세계에 많이 존재합니다.

더위나 추위를 인지하는 열감각은 우리 스스로를 보호하게 만듭니다. 우리가 느끼는 온기와 냉기를 감지하는 열감각을 외면하면, 우리의 삶이 잘못된 방향으로 흐르고 있음을 알아차릴 수 없습니다. 땀범벅인 된 마스크로부터 자신을 보호하지 못합니다. 몇 년 전부터 우리의 열감각이 이런 식으로 억압받고 있습니다. 이때 새삼 확인할 수 있었던 것은 이 사회가 타인의 시선으로부터 자유롭지 못하다는 것입니다.

자기 몸을 보호할 줄 모를 정도로 타인의 시선을 너무 의식한 어른들로 인해 아이들도 위험에 처했습니다. 열감각의 역할은 알베르트 수스만이 언급한 바대로 우리의 환경을 바꿉니다. 너무 뜨겁거나 극단적으로 냉랭한 것이 우리를 위협한다고 느낄 때 바로 환경을 바꾸려는 노력을 해야 합니다.

타인의 시선을 두려워하는 사람들은 불합리한 환경을 바꿀 생각을 하지 않은 채로 살아갑니다. 우리가 보다 독립적이 되어야 하는 이유가 여기에 있습니다. 연습 과정에서 나아지는 경험을 한 이들은 자신의 행동에 믿음이 쌓여, 불합리한 상황에 자신을 희생시키지 않습니다. 다만 그 연습이 다른 누군가를 만족시키기 위한 것이라면, 아무리 연습한들 자기 행동에 대한 자신감은 생기지 않습니다.

저는 중학생 때 처음으로 소규모 피아노 발표회에 참여하게 되었습니다. 그런 발표회를 할 때마다 학생들은 일정 비용을 지불합니다. 주로 연주 장소 대관료와 연주회 기획에 들어가는 비용입니다. 그때는 몰랐지만 제가 연주자가 되고 나니 이상하게 느껴졌습니다. 연주를 하는 사람의 노력으로 완성되는 연주회에 돈을 지불하고 연주를 한다는 것이요. 물론 아직 연주자로서의 실력을 갖추지 못했는데 연주회를 열고 싶다면 스스로 그 비용을 지불해야겠죠. 하지만 연주회가 하나의 커리어가 되어 그 것을 쌓으려고 돈을 지불하는 패턴이 고착되면 문제가 생길 수밖에 없습니다.

비용을 지불하고 연주회를 할 수밖에 없는 사정은 그의 연주를 원하는 관객이 충분하지 않아 객석을 채우기가 어려워서입니다. 재능은 있지만 인지도가 부족한 연주자들이 많습니다. 누군가는 사회 구조상 어쩔 수 없다고 말할 것입니다. 하지만 그 구조 속으로 안 들어가면 되지 않을까요? 그렇게 할 수밖에 없다고 말할 때는 대개 타인의 시선을 두려워할 때입니다. 마스크를 벗어야 할 때 벗지 못하는 사람들의 상태가 되는 것입니다.

외국에서 공부하고 귀국한 연주자들은 "한국에서는 연주할 기회가 적다"고 이야기합니다. 정말 기회가 적은 것인지, 타인의 시선을 의식한 그럴싸한 무대를 바라는 것인지 구분해야 할 것입니다.

독일에서는 동네의 작은 장소에서 소박한 연주회가 열리곤 합니다. 그런 곳에서 연주한 경험도 이력에 포함시키는 사람들조차 한국에서는 왜 그런 연주를 하지 못할까요? 구조적 문제라는 핑계는 수많은 시간을 표현의 자유를 위해 끊임없이 연습해 온 예술인과 어울리지 않습니다.

구조적 문제라고 탓하는 사람일수록 텅 빈 객석 앞에서 연주하게 됩니다. 그러면 그는 연주자는 직업이 될 수 없다고 여깁니다. 타인의 시선을 중시할 경우 그것을 만족시킬 만한 장소와 활동들을 모방합니다. 결국 화려하고 물질적인 삶을 추구합니다. 겉으로는 연주하는 행위 자체를 귀하게 여기는 정신적 삶을 추구하는 것처럼 위장합니다.

가장 안타까운 경우가 그러한 형식과 구조 속에서 오래 살아왔기에 그렇게 모방할 수밖에 없다고 생각하는 경우입니다. 그렇게 자유를 잃어버린 스승을 바라보는 제자들은 희망을 품기 어렵습니다. 이런 양면성 때문에 종합 대학조차 예술을 비실용적인 학문으로 간주하곤 합니다.

화려한 무대에서 관객 수를 걱정하지 않고 연주할 수 있는 유명 연주자는 소수입니다. 연주자로 살고 싶은 사람들이 알아야 할 사실은 한국에서 내가 살고 있는 동네에도 연주를 감상하고 싶은 주민들이 있다는 것입니다. 피아니스트가 직업이 되기를 바란다면 살고 있는 동네에 관심을 가져야 합니다. 화려한 의상을 입지 않고 집 근처에서 음악 감상을 할 수 있다면, 사람들은 기꺼이 찾아오고 자유로운 후원이 가능할 수 있습니다. 그렇게 연주자가 직업이 될 수 있습니다.

타인의 시선은 바이러스보다 무섭고 우리를 갉아 먹습니다. 부모가 '이렇게 살면 사람들 보기에 좀 그렇지 않나?'에서 생긴 깊은 수치심을 갖고 있으면 그 생각은 자녀에게 전이됩니다. 또 너무 어릴 때부터 경쟁이 치열한 곳에서 자라왔다면 다른 이들이 나를 어떻게 볼지가 중요한 문제로 대두됩니다.

악기 연주를 배우는 일이 다른 누가 아닌, 나를 만족시키기 위한 작업이 되어야 타인의 시선으로부터 독립된 삶을 살아갈 수 있습니다.

5 장

시각, 청각

다 보여 주지 않고, 다 들려주지 않는 교육

보이는 것 너머의 것을 보는 것, 들리는 것 너머의 것을 듣는 것은 창의력과 연결됩니다. 창의력은 가지고 있는 재료를 새롭게 보고, 그것을 다양하게 조합할 수 있는 능력입니다.

도, 레, 미, 파, 솔, 라, 시, 이렇게 나열된 7개의 음에서 다른 조합을 발견하고 다른 소리를 들을 수 있는 것이 창의력입니다. 높은 '도'에서 낮은 '도'까지 한 음씩 차례대로 내려오는 소리를 들으면서 빗방울 소리를 연상한다면, 그것이 바로 창의력입니다. 그렇게 아래의 노래가 만들어질 수 있습니다.

많은 사람들이 창작을 거창하게 생각합니다. 창작은 보여 주지 않아도 스스로 볼 수 있고, 들려주지 않아도 스스로 들을 수 있는 능동성을 요구하기 때문입니다. 스스로 해야 한다는 것을 많은 이들이 힘들어합니다. 이들은 종종 "가르쳐 주지 않아서 못 배웠다"고 말하곤 합니다.

　배우는 과정에서 모든 것을 다 가르쳐 줄 수 없습니다. 숨겨진 보물처럼 내가 더 많이 발견할 수 있다는 사실을 알아야 합니다. 누군가가 가르쳐 주지 않아서 못 배운 것이 아니라, 관심이 없고 절박하지 않아서 못 배운 것입니다. 다 가르쳐 주지 않는 교육, 즉 다 보여 주지 않고 다 들려주지 않는 교육은 굉장히 훌륭한 교육입니다. 피교육자를 더욱 능동적인 자세로 만들어 줄 가능성이 높기 때문입니다.

　"가르쳐 주지 않아서 못 배웠다"는 말은 내가 소중하다는 것을 아무도 가르쳐 주지 않아 배울 수 없었다는 의미이기도 합니다. 나라는 존재가 귀한 존재라는 것을 어디서도 배울 수 없으면, 나를 책임지는 일에서 멀어질 수밖에 없습니다.

　자본주의 사회에서 사람들은 특히 돈과 관련된 감각을 학교에서 가르쳐 주지 않아 못 배웠다고 한탄합니다. 돈에 대해 배우지 못한 것 역시 자신이 귀하다는 걸 배우지 못한 것입니다. 돈에 관한 정보의 양이 문제가 아니라 자기 방치 또는 과보호로 인한 결과입니다.

　음악에서 시각과 청각은 긴밀하게 상호 작용합니다. 음악 활동으로 시각과 청각이 섬세하게 발달할 수 있다는 의미이기도 합니다. 악기를 오래 다룬 사람들은 악보의 음표를 보면 (실제로 연주할 때 나는) 소리가 (귀에) 들리고, 소리를 들으면 그 소리와 일치하는 음표와 쉼표가 보입니다. 악보를 상상할 수 있는 것입니다.

음악에서 눈은 귀가 되고, 귀는 눈이 됩니다. 피상적으로는 시각 기능은 보는 것이고, 청각 기능은 듣는 것입니다. 시력과 청력을 상실하지 않는다면 보고 듣는 일은 누구나 할 수 있습니다. 그러나 볼 줄 알고, 들을 줄 아는 능력은 단지 눈과 귀를 가지고 있어 가능한 것이 아닙니다. 보이는 대로 보고, 들리는 대로 듣는 것을 넘어 눈과 귀를 통해 어떤 현상을 구분하는 것은 전혀 다른 차원의 일입니다. 그 능력은 눈과 귀로 하는 것이 아닌 눈과 귀가 매개가 되어 가능한 일입니다.

슈타이너는 음악 강연에서 귀를 반사기관이라 표현했습니다 (『천체의 음악 인간의 신비』 참고). 그는 눈을 반사기관이라고 표현하지는 않았으나, 저는 음악 분야에서만큼은 눈 역시 반사기관 역할을 하는 것을 실감합니다. 새로운 악보를 보았을 때 눈이 귀가 되는 경우가 많기 때문입니다.

피아니스트에게 피아노는 200~300년 전에 살았던 위대한 작곡가들을 독대하는 영광스런 수단입니다. 그들이 작곡한 곡의 악보를 펼치고 그들이 써 놓은 말을(음표) 그대로 따라 하다 어느 수준에 오르면, 연주자도 작곡가에게 '아! 당신의 마음을 이

제 이해하려 합니다! 당신의 마음이 느껴집니다'라는 메시지를 담아 연습하게 됩니다. 그러면 작곡가는 악보의 음표와 쉼표를 통해 "이 부분은 특별히 더 신경 써서 표현해 주세요"라고 연주자에게 말을 걸어옵니다.

아래는 음악 활동을 처음 하는 초등학생과의 대화입니다.

교사 뭔가가 마음속에 느껴져서 그걸 말로 표현하고 싶은데 어떤 말을 해야 할지 모를 때가 있지?

학생 네.

교사 어떤 경우에 그래?

학생 너무 속상할 때나 화가 날 때요.

교사 작곡가들도 말로 할 수 있고 글로 쓸 수 있었다면 이야기를 남기거나 책을 썼을 거야. 그런데 하고 싶은 말을 도저히 말로 표현할 수 없어 이렇게 악보를 그린 거야.

학생 (몇 초간 생각에 잠기다가) 그럼 악보는 작곡가들이 자기 마음을 그려 놓은 거네요?

이렇게 철학 수업이 시작되기도 합니다. 이제 학생에게 악보는 눈이 있다고 해서 보이는 단순한 것이 아니라, 적극적으로 관찰하지 않으면 안 될 대상이 됩니다.

작곡가와 연주자의 만남

작곡가와 연주자가 단 둘이 깊이 만나는 그 순간은 연주자의 일방적인 노력으로 시작됩니다. 저는 베토벤과 대화하는 영광을 제 자신에게 주고 싶어 긴 세월을 노력했습니다.

"이 세상에 베토벤이라는 작곡가가 있는데 베토벤이 나의 인맥이 된다면 정말 영광스럽겠다. 나에게 그와 만날 수 있는 자격을 주자!"

이런 결심을 한 것이죠. 제 자신에게 무관심했다면 베토벤도, 그 누구도 만나려 애쓰지 않았을 것입니다. 학생들이 작품을 배우게 될 때, 저는 제가 받았던 느낌을 그대로 전달합니다.

"쇼팽과 아무나 만날 수 없다는 것, 쇼팽을 만나고 싶어도 만날 수 없는 사람들이 이 세상에 더 많단다. 네가 노력했기 때문에 쇼팽을 만날 수 있는 거야."

이런 이야기를 하면서 저는 학생들이 자신에 대해 특별한 노력을 아끼지 않은 사람으로 느낄 수 있기를 함께 바랍니다. 위의 말에 학생들 눈빛은 확실히 달라지는 것을 볼 수 있습니다. 악보를 해석할 때도 이렇게 말해 줍니다.

"쇼팽 선생님이 선생님한테 해 준 이야기를 지금 네게 전하는 거야. 네가 그 말을 알아들을 수 있다는 게 얼마나 대단한 일인지 알아?"

그러면 학생들의 표정은 밝아지고 연습하는 자세도 더욱 적극적으로 변합니다. 아무나 쉽게 할 수 없는 일을 자신이 해냈다는 사실에 감동합니다.

다른 시대를 산 사람들의 메시지를 들을 때도 청각은 필요합니다. 슈타이너가 청각을 왜 육체 감각이 아닌, 정신 감각으로 분류했는지 여기서 알 수 있습니다. 연주자들이 악기 연습을 할 때 작곡가들과 나누는 대화는 단순한 상상이나 공상이 아닙니다.

먼저 시각을 통해 악보의 음표들이 어떻게 나열되어 있는지, 그 음표들의 길이는 어떻게 다른지, 어디에 쉼표가 있는지 파악합니다. 그리고 작곡가가 그것을 통해 무슨 말을 하려고 하는지 집중해서 귀를 기울입니다. 이것은 귀가 있다는 이유로 가만히 앉아서 듣는 수동적인 듣기가 아닙니다. 능동적이고 자발적인 듣기입니다. 악기 교육이 이런 부분을 장려합니다. 음들의 움직임을 들으려 할 때 작곡가의 온 감정이 귀에 들립니다. 그 감정들을 받아 물리적인 소리로 표현하는 것이 연주입니다.

작곡가의 간절한 메시지를 듣지 못하는 사람은 연주할 수 없습니다. 예를 들어 작곡가가 똑같은 것을 한 번 더 되풀이하라는 뜻의 도돌이표를 사용했을 때, 많은 연주자들은 처음 한 번은 본래 작곡가가 원했던 혹은 보통의 크기로 소리를 내고, 두 번째 반복할 때 확 줄여서 작은 소리로 연주합니다. 그 악보에서 그렇게 하라는 지시가 전혀 없는데도 말입니다.

악보는 작곡가가 하고 싶은 말을 음표로 대신합니다. 작곡가가 똑같은 소절을 반복해 작곡했다고 똑같은 것이 아닙니다. 아이디어가 없어서 또는 악보를 그리기 귀찮아서 도돌이표를 쓴 것도 아닙니다. 그런 식으로 아무렇게나 작곡하는 작곡가는 없습니다. 작곡가는 자기의 마음을 표현한 것입니다. 똑같아 보여도 그 소절의 위치에 따라 표현이 달라집니다.

저의 경우에는 어떤 곡에서 두 번째 반복될 때 그것이 첫 번째 소절의 잔향, 즉 메아리처럼 들려 두 번째 소리를 확실하게 줄입니다. 또 어떤 곡은 마치 한 번 더 강조하는 인상을 받아 두 번째 소리에 힘을 더 실어 연주합니다. 곡의 전체 분위기와 반복 전후에 어떤 표현들이 있는지에 따라 해석이 달라집니다.

악보의 음표들이 비슷한 패턴으로 진행되다 갑자기 어떤 한 음이 매우 높거나 매우 낮게 도약할 때가 있습니다. 그때는 그만큼 눈에 띌 정도로 표현해야 합니다. 그래야 작곡가에게 의미 있는 음을 연주자도 의미 있는 음으로 연주할 수 있습니다.

연주할 때 그 음을 누른 상태로 잠시 멈춰서 듣고 그 다음 음을 연주합니다. 마치 듣기 평가 시험을 볼 때처럼 미동도 하지 않고 잠시 멈춰 들어야 합니다. 그 음을 원래 길이보다 두세 배로 늘려 연주하는 늘임표 개념이 아닙니다. 그냥 지나칠 수 없는 음이기에 거기에 머물러 들으면서, 마음껏 느끼고 다음 음을 연주하는 것입니다.

이런 멈춤이 음악의 흐름을 깨고 바꾸어 놓을 정도로 박자를 어기는 것은 아닙니다. 아주 미세하게 음의 길이를 살짝 늘이는 것인데, 일명 템포 루바토tempo rubato라 합니다. 산 정상에 오를 때까지 전진만 하다 마침내 정상에 도달해, 내려다보이는 풍경이 너무 아름다워 가만히 선 채 감탄하며 만끽하는 것과 같습니다.

많은 학생들이 이러한 연주 방식을 표현하는 것을 쑥스러워합니다. 내향적인 성향일수록, 누군가가 보는 앞에서 무언가에 감탄하고 즐기는 나를 드러내는 것이 쑥스럽습니다. 그렇기 때문에 건반에서 로봇처럼 경직되어 딱딱한 소리를 내곤 합니다.

그때 "표현하자"는 말보다 중요한 "음을 누른 채로 잠시 머물러서(이때 학생이 다음 음을 누르지 못하게 제가 학생의 팔을 잡습니다) 듣고… 이제 가자(잡고 있던 학생의 팔을 놓아줍니다)"고 이야기합니다. 그러면 그 음에 머물러 있는 것이 쑥스럽지 않게 됩니다. '내가 표현한다'가 아닌, '내가 듣는다'에 집중하기 때문입니다.

듣는 것에 집중하는 연습을 이렇게 이어 가다 보면 어느 순간 듣기 위해 멈추는 행위는 자연스러워지고, 일부러 내가 듣고 있다는 표현을 하려고 애쓰지 않아도 됩니다. 머물러서 듣고 있는 것 자체가 표현이기 때문입니다.

악기 교육은 보이는 것을 더 자세히 보게 하고, 들리는 것을 제대로 듣게 하는 데 목적이 있습니다. 피상적으로 보이는 눈만 있으면, 볼 수 있는 음표와 쉼표만 집착해 따라가면, 악기 교육의 본래 목적에 도달하지 못합니다. 자발성과 적극성이 요구되어야 합니다.

자녀에게 악기 교육을 시키는 많은 부모들이 자녀가 악보를 보는(단순한 음높이 구분) 데에 무게를 많이 둡니다. 피아노 학원의 문을 두드렸다가 아이가 한글을 자유롭게 쓰지 못해(계이름을 통한 악보 읽기를 아직 배울 수 없어) 돌아오는 경우가 많습니다. 악보 보는 것이 과연 부모들의 생각만큼 중요한지 함께 생각해 봐야 합니다.

악보를 볼 줄 아는 것은 얼마나 중요할까?

악보를 볼 줄 아는 것은 한글을 읽을 수 있는 것과 같은 의미입니다. '사과'라는 글자를 쓰고 읽을 줄 알게 되면서 사과가 어떤 맛인지 어떤 의미인지 연상하게 됩니다. 마찬가지로 악보에서 어디에 위치한 것이 '도'이고, 또 어디에 위치한 것이 '솔'인지 하나하나 짚으면서 듣다 보면 알게 됩니다. '도'는 어떤 느낌이고, '솔'은 어떤 느낌이며, 더 나아가 '도'에서 바로 '솔'로 연결될 때 어떤 느낌인지 등을 말입니다. 그러나 '듣지 않으면' 모릅니다.

더듬어서라도 악보를 읽을 줄 알지만 음에 대한 느낌을 떠올릴 수 없다면, 악보 읽는 능력은 음악을 즐기는 데 사용되지 못합니다. 악보를 능숙하게 볼 줄 아는 것은 전공자가 된 뒤에 해도 늦지 않습니다. 악보의 계이름은 볼 줄 알지만 그 계이름이 주는 느낌을 떠올릴 수 없다면, 악보라는 시각적인 것에 먼저 의존해서 교육을 받았기 때문입니다.

음에 대한 느낌을 안다는 것이 절대 음감을 의미하는 것이 아닙니다. 그 음이 지닌, 그 음이 음악이 되는 고유의 가능성을 감지할 줄 아는 것을 말합니다. 어쩌면 이것은 악보를 못 볼수록 그래서 적극적으로 들을수록 잘 느낄 수 있습니다. 악기를 배우는 학생이 악보 보기를 어려워한다면 어쩌면 그 아이에게 잘된 일인지도 모릅니다. 듣고 따라 하는 교육을 시작할 수 있기 때문입니다. 악보를 잘 보았으면 하는 소망은 음에 대한 느낌이 어느 정도 생긴 뒤에 천천히 이뤄져도 괜찮습니다.

어디선가 매력적인 음악이 들려와 그것을 연주하고 싶은데 그 소리를 모방할 수 없는 것은, 악보 보는 실력과 상관없는 상상력 부족입니다. 상상은 의지적 행위입니다. 상상해서 더듬어 나갈 엄두를 내지 못하는 것입니다. 사과 맛을 표현해 달라고 하는데 "지금 당장 사과가 없는데 어떻게 맛을 표현하냐"고 되묻는 것과 같습니다.

악보를 잘 보지 못해도 괜찮습니다. 물론 잘 볼 줄 안다면 좋지요. 들려오는 소리를 악보가 없다고 흉내 낼 수 없고, 또 악보의 음들이 움직이는 것을 정서적으로 표현할 수 없다면, 악보를 잘 보는 것이 음악을 즐기는 데 도움을 주지 못합니다.

음악을 그만둬야 할 때는 악보 보는 실력이 늘지 않을 때가 아니라 듣지 못할 때입니다. 듣고 따라 하려고 노력하는 한, 악보를 더듬더듬 읽을지언정 음악을 하는 데 방해가 되지 않습니다.

악보는 다 기억하지 못하는 분량을 위해 필요한 것입니다. 소리와 소리가 주는 느낌을 기억하면 악보는 더 이상 필요하지 않습니다. 악보를 잘 보는 것은 상상력이 부족할 때 필요합니다.

저는 처음 보는 악보를 읽는 수업을 다음과 같이 진행합니다. 악보의 첫째 마디를 읽은 학생에게 그 뒤로 이어지는 몇 마디를 가리고 물어 봅니다.

"그 다음에 어떤 음이 나올지 한 번 쳐 볼래."

첫째 마디와 똑같은 패턴이지만 한 음만 올려 시작해 보라고 힌트를 줍니다. 그러면 악보 없이 그 다음 마디를 맞춥니다. 그러고 나서 악보를 확인시켜 줍니다. 확인 작업은 빠르게 진행됩니다. 악보부터 보게 하면 계이름부터 파악하느라 시간이 더 걸리는 경우가 많습니다.

영국의 록 밴드인 「퀸」의 리드 보컬이자 최고의 보컬리스트인 프레디 머큐리는 악보를 읽지 못했다고 합니다. 스웨덴의 혼성 팝 그룹 「아바」의 멤버들 역시 악보 읽는 법을 잘 몰랐습니다. 다만 그들은 상상할 수 있었고, 자신들의 상상을 나름의 방식으로 기억할 수 있었습니다.

베토벤이나 쇼팽은 악보를 잘 볼 줄 알았습니다. 그들은 악보를 보기도 전에 상상하고 기억할 수 있었습니다. 이것이 작곡의 원리입니다. 악보를 잘 보는 일은 자신이 상상한 것을 기록으로 남기고 싶을 때 필요합니다. 상상력은 보는 데서 나오는 것이 아니라 듣는 데서 나옵니다. 미취학 아동에게 한글을 가르치지 않는 것이 더 나은 이유이기도 합니다.

보여 주지 않으면 상상하지 못하는 것을 '감感'이 부족하다고 표현합니다. '감'은 어떤 대상을 직관적으로 파악하는 능력입니다. 자발적 상상력이 떨어진다는 것은 바로 감이라는 통찰력이 떨어진다는 것입니다. 시각적인 보조 자료, 즉 악보에 의존적일수록 그렇게 됩니다.

스스로 상상하지 못하는 상태에서는 아무리 입이 있어도 할 말이 없고 쓸 말이 없듯, 손이 있어도 연주할 수 없습니다. 몸이 쇠약한 경우를 제외하고, 몸이 있어도 움직일 수 없는 일은 스스로 상상할 수 없을 때 일어납니다. 보지 않고는 깨우치지 못하는 것은 통찰력 부족입니다. 부디 듣기 교육에 더 집중해야 합니다.

자꾸 보여 줄수록 더는 보지 못하는 사람이 됩니다. 악보 보기는 음에 대한 감을 가지게 된 뒤에나 중요합니다. 보통 사람은 10년 이상 지속적으로 듣기 연습을 하면 그 감이 생길 수 있습니다. 악보를 능숙하게 보지 못해 악기를 그만두었다면, 그간 들인 시간을 아까워하거나 원통해할 필요는 없습니다. 자연스런 결과이기 때문입니다.

악보 보기보다 '듣기'가 싫어질 때 진짜 그만둬야 합니다. 듣기 싫으면 악보는 더 이상 보이지 않습니다. 듣고 싶으면 악보가 눈에 들어오지 않아도, 다음 음들이 머릿속에서 울립니다. 그리고 악보를 보며 확인하려는 노력에서 악보 보는 실력이 점차 늡니다. 들으려는 노력이 볼 수 있게 만듭니다. 하지만 보려고만 하는 것은 들으려 하지 않게 되고, 결국 보지 못합니다. 상상으로든 실제로든 제대로 보지 못합니다.

악보 보기를 어려워한다면

학생들을 지도해 보면 악보 읽는 속도가 비교적 빠른, 즉 초견 연주 실력이 좋은 학생들이 있습니다. 그런데 그들 중에 악보에서 눈을 떼지 못하는 아이들이 있습니다. 정확한 음을 제대로 표현하려면, 악보에서 눈을 떼고 귀로 듣고 손과 건반을 봐야 합니다. 눈이 악보를 보지만 틀린 음을 연주한 것도 모르고 지나갈 때도 있습니다. 심지어 짧고 단순한 소절조차 외우지 못합니다.

보여 주는 것에 익숙하면 스스로 기억하고 판단하는 것을 잊습니다. 새 악보를 읽는 속도가 느린 학생들이 오히려 진도가 빠릅니다. 그들은 실수 없이 암보 연주를 해냅니다. 악보 보는 게 어려워 가능한 외우려 하기 때문입니다. 외울 정도가 됐다는 것은 반복 연습을 많이 했다는 뜻이기도 합니다. 누구의 연주 실력이 좋을지 상상해 보시기 바랍니다.

어떤 책을 보고 소리 내어 읽을 수 있지만, 그 책에 대해 설명할 수 없다면 어떻게 될까요? 그러니 악보 보기에 집착하지 않아도 됩니다. 보이는 것에 집착할수록 보이지 않는 것, 정말 봐야 할 것을 못 봅니다. 그 어디에서도요.

학생들이 악보 보는 게 어렵다고 할 때 사실은 진짜 어려운 게 아닙니다. 하나씩 계이름을 따져 알아보는 게 귀찮고 번거로운 것입니다. 그런데 부모들은 자녀 역량에 문제가 있는지, 수준에 안 맞는 어려운 것을 배우는 것은 아닌지 걱정합니다.

번거롭고 귀찮은 것을 왜 어렵다고 말할까요? 귀찮다고 하면 해야 할 일을 하지 않고 미루는 게으른 사람인 것 같아 자책하게 됩니다. 그러나 어렵다고 표현하면 내 문제가 아니라 '그것' 자체가 문제가 됩니다. 잘 생각해 보십시오. 우리가 어렵다고 하는 대부분이 하기 싫은 귀찮은 것들입니다. 어렵다고 해야 회피하고도 마음이 조금 편할 수 있기 때문입니다.

진짜 어려운 것은 귀찮은 것과 다릅니다. 어렵다는 것은 한 번도 해 보지 않아 내가 그것을 시도할 수 있을까라는 상상이 전혀 되지 않는 것들입니다. 해 본 것을 반복하는 것인데 몸이 잘 따라주지 않는다고 어려운 것일까요? 귀찮고 번거로운 것입니다. 그러니 아이들이 악보 보는 게 어렵다거나 계이름을 모르겠다고 할 때 역량 문제가 아니니 걱정하지 않으셔도 됩니다.

음표는 음의 높낮이를 오선 위에 적는데 간혹 다섯 개의 선을 구분하지 못하는 아이들이 있습니다. 그들이 귀찮아하지 않도록 예방하는, 즉 악보만 보고 지레 겁먹지 않도록 처음 악보 읽는 방법을 가르칠 때 저는 다음과 같이 합니다. 저만의 방식이므로 상황에 맞게 응용하거나 다른 방법으로 고민해 보실 수 있습니다. 그 원리는 과정을 매우 잘게 나누는 것입니다.

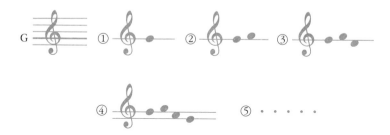

우리가 흔히 알고 있는 높은음자리표(♪)는 '솔' 위치를 알려주는 '솔' 음자리표(G clef)입니다. 음자리표는 음의 높이를 지정하는 기호입니다. 이 음자리표는 오선에서 밑에서 두 번째 선에서 그리기 시작합니다. 바로 '솔'의 자리입니다.

'솔' 음자리표와 그 자리의 선 하나만 먼저 그린 후, '솔'부터 익히게 합니다. 그것에 적응하고 직접 그릴 수도 있게 되면 바로 그 위에 '라'를 그려 줍니다. 그리고 '솔'과 '라', 두 음으로만 된 곡을 학생이 작곡하고 건반 위에서 연습하게 합니다.

'솔'과 '라'를 구분하는 것이 쉬워지면 '파'를 그립니다. 이런 식으로 밑에 한 줄을 더 그립니다. '미'가 나오죠. 곧 '레'도 나옵니다. 이 교육은 하루에 다 끝낼 수도 있지만, 학생에 따라 몇 개월이 필요할 수도 있습니다.

낮은음자리표도 마찬가지입니다. 그 음자리표 그림이 시작되는 줄은 '파' 위치의 선입니다. 이렇게 익히고 나서 악보 보는 게 어렵고 계이름을 모르겠다고 하면 생각하기 귀찮다는 뜻입니다.

교사 앞에서는 시간이 걸려도 스스로 읽어 내는 계이름인데, 엄마 앞에서 까막눈이 된다면 100% 귀찮아서입니다. 다 큰 성인인 저도 집에서는 종종 엄살을 부립니다. 집에서라도 그렇게 해야지 어디 가서 그럴 수 있겠습니까? 집은 내가 지칠 때 쉴 수 있는 곳입니다. 등산할 때 반가운 쉼터 같은 곳입니다. 가정의 역할, 부모의 역할에 대해 잘 생각해 보시기 바랍니다.

아이 스스로 추리할 줄 알고 상상하는 능력이 풍부해지길 바란다면, 처음부터 구체적으로 다 보여 주는 교육 방식은 지양해야 합니다.

보고 듣기와 창작

다음은 모차르트의 「버터를 바른 빵Das Butterbrot」에 나오는 시작과 끝 부분입니다.

악보를 관찰할 줄 알게 된 학생은 피아노 수업에서 종종 철학 수업을 자진해서 엽니다. 악보 시작 부분에 'gliss.'라는 약어는 글리산도glissando라고 하는 피아노 연주법입니다. 시작 음에서 끝 음까지 손가락으로 건반을 쓸어 미끄러지듯 연주하라는 지시어입니다. 마치 빵에 버터 칼로 버터를 바르는 동작과 흡사합니다.

학생 선생님.

교사 응?

학생 그런데요… (생각에 잠김)

교사 (기다림)

학생 모차르트는 위에는(오른손 연주) 버터를 바르는 것처럼 작곡했으면서, 왜 아래에는(왼손 연주) 이렇게 했을까요? 버터 빵이면 아래도 버터를 발라야 되는 거 아닌가?

교사 (교사는 생각도 못 한 문제다!) 그러게… 왜 그랬을까? (악보를 관찰하며 침묵을 이어 간다.) 우리가 한 번 아래에도 버터를 발라 볼까?

학생과 교사 (웃음이 터지고 왼손으로 글리산도 연주를 시도하지만 잘 안 된다.)

교사 선생님은 빵에 버터나 잼을 바를 때 오른손으로 바르는데, 넌 어때?

학생 저도 오른손으로 발라요.

교사와 학생 혹시… 모차르트가… 오른손잡이라서?!

열린 결말의 철학 수업 시간은 한 발짝 떨어져 '딴 생각'을 해 보는 시간입니다.

음악은 악보에 그려진 음표와 쉼표, 박자와 리듬을 작곡가가 직접적으로 제시한 '정답'을 마디마디 어긋남 없이 정확하게 계산합니다. 그리고 제한된 시간 안에 맞춰 음들의 속도를 결정해 소리로써 등장시킵니다. 그렇기 때문에 정답이 존재하는 수학 문제를 풀 때처럼 수학적 사고를 요구합니다.

예를 들어 4분음표는 두 개의 8분음표이기도 하고, 여덟 개의 32분음표와 같은 길이입니다. 음표와 쉼표들은 이보다 더 다양하며 개별 음표와 쉼표들마다 수많은 경우의 수를 가지고 있습니다. 만약 어떤 작곡가의 곡을 연주하는 데 그 곡에서 왼손에는 4분음표 하나가 나오고, 오른손에 16분음표 네 개가 연달아 나온다고 합시다. 그러면 왼손으로 4분음표 하나를 연주하는 동안, 오른손으로 16분음표 네 개를 연주해야 하니 양손의 속도를 정확하게 계산해야 합니다. 그 계산이 '틀리면' 작곡가가 곡의 시작에서 제시해 둔 4분의 4 같은 박자는 무너집니다. 제 시간에 울려야 할 화음이라는 정답이 나오지 않게 됩니다.

음악에서 수학적 사고는 딱 맞아 떨어지는 답이 있는 문제를 풀 때 필요합니다. 동시에 음과 쉼표의 움직임을 표현할 때는 정답 없는 문제를 푸는 것이므로, 문제에 대해 고민하는 인문학적 사고를 요구합니다.

어떤 사람이 수학적 사고에 극단적으로 빠지면 정답과 오답만 존재하는 세상에서 삽니다. 정답을 도출하지 못하면 '나는 틀릴 수 있어. 다른 방법으로 정답을 맞춰 보자'라고 할 수는 있습니다. 하지만 '다른 답'이 있을 수 있다는 것을 인정하지 못하고 자만심에 빠질 수 있습니다. 정답 앞에서는 한없이 작아져 겸손한 것 같아도, 실상은 자만심 가득한 모순을 지닌 사람일 수 있습니다.

마찬가지로 인문학적 사고를 극단적으로 할 경우 깊이 숙고하는 진중함은 있을 수 있지만, 자기가 틀릴 수 있다는 생각을 하지 못할 수 있습니다. 정답이 없다고 생각하니까요.

앞에 나온 대화에서 학생의 생각이 과연 쓸데없는 생각일까요? 이런 딴 생각을 할 여유를 허락하지 않고, 남의 생각이나 이미 정해진 정답 맞추기에 끊임없이 노출되면 타인의 생각과 자기 생각을 구분하지 못합니다. 그런 경우 사이비 종교에 빠지기 쉽습니다. "얼마나 어리석으면 말도 안 되는 말에 휘둘려 사이비 종교에 빠질 수 있을까?"라는 의문을 가질 텐데요. 많은 사람들이 마스크와 백신을 '맹신'하게 된 원리와도 같습니다.

수치와 숫자에 집착하는 사람들은 과학적으로 사는 자신에게 큰 자부심을 갖는 경우가 많습니다. 숫자 없이는 논리도 없다는 극단성은 '나는 틀릴 수 없다!'는 인문학적 사고의 극단성과 같은 사고방식입니다.

음악은, 즉 예술은 이들 극단적인 사고방식에 균형을 잡아줍니다.

수학적 사고가 필요한 바흐의 「이탈리아 협주곡 2악장」 일부

아래의 곡은 쇼팽의 여러 왈츠들 중 한 곡입니다. 이 곡은 4분의 3박자라고 되어 있는데, 시작 부분 첫 음이 있는 곳을 보면 3박자가 아닌 한 박자짜리 음표 하나가(4분음표) 보입니다. 이를 못갖춘마디(박자표에 못 미치는 박자 수의 마디. 곡의 첫 마디와 끝 마디의 박을 합쳐 그것이 한 마디를 온전히 채우는 박자 수로 완성됨) 곡이라고 합니다. 실제 이 곡의 첫 마디는 왼손과 함께 연주하는 곳

쇼팽 「왈츠 Op. 69 No. 2」 일부

에서 시작됩니다.

음악이 사실상 거기서부터 시작됩니다. 그렇다면 쇼팽은 한 박자짜리 첫 음인 '파#' 없이 바로 첫 마디부터 작곡을 했어도 됐는데, 굳이 '파#'을 외롭게 혼자 등장시킵니다. 여기서 우리는 음악을 바로 시작하지 않는 쇼팽을 마주하게 됩니다.

시작을 위한 마음의 준비가 필요한 쇼팽은 '파#'을 먼저 내보냅니다. 이제 준비를 마친 쇼팽은 본격적으로 세 박자의 왈츠를 시작합니다. 따라서 '파#' 다음에 이어지는 왼손의 낮은음자리표의 '시' 음을 박자를 맞추겠다며 바로 연주해서는 안 되는 것입니다. 준비하는 마음으로 '파#'을 조심스레 소리 내고, 완전히 준비되면 그 '파#'에서 멀리 떨어진 '시' 음을 왼손으로 충분히 눌러 소리 내어 이제 시작되었음을 표현합니다.

스스로 보고 듣는 것을 어려워하고 기피하면 우리는 자신에 대해 잘 모릅니다. 또한 배우고 익힌 것을 생산적, 창의적 활동으로 이어 가지 못합니다. 그러면 자본주의 사회에서 생산자보다 소비자의 위치에 있을 수밖에 없고, 이미 만들어진 생산품들에 의존합니다. 그것을 구해야 할 자본이 필요하고 계속 소비밖에 할 수 없다면 자본은 계속 부족할 것입니다. 자본은 생산자에게 쌓입니다. 자본주의 세상은 생산 수단을 가진 자가 이윤을 획득하는 세상입니다.

자기 삶에서 소비에 필요한 돈이 부족할까 봐 걱정할 것이 아니라, 먼저 자기 자신에게 관심을 가져야 할 것입니다. 그래야 세상과 좋은 관계가 만들어지고, 이 세상의 것들을 활용할 수 있습니다. 돈이 없어 비극인 세상이 아니라, 자신에 대한 관심과 사랑이 부족해 비극이 발생합니다.

지난해 밴 클라이번 국제 피아노 콩쿠르(1962년부터 시작된 미국의 피아니스트 밴 클라이번Van Cliburn의 이름을 딴 대회)에서 우승한 임윤찬 피아니스트는 인터뷰에서 자기는 오직 피아노만 있으면 되는, 세상과 단절된 상태로 살고 싶은 사람이지만 독립적으로 자신의 생계를 책임져야 하는 현실적 문제가 있으니 연주자로서의 외부 활동을 할 것이라고 이야기했습니다. 자기 자신에 대한 책임감은 결국 이렇게 세상과 관계를 맺는 일로 이어집니다.

잘 볼 줄 알고 잘 들을 줄 아는 자신의 눈과 귀는 자신에 대한 관심을 키우고, 그것이 책임감으로 이어져 세상과 좋은 관계를 맺게 합니다.

입속에 들어온 음식물을 침을 섞어 가며
이로 잘게 쪼개어 목으로 넘기는 일은
온전히 나의 몫입니다.

6 장

미각

음악을 즐기는 참맛

많은 학생들이 프란츠 리스트Franz Liszt(1811-1886, 낭만주의 시대 헝가리의 작곡가이자 피아니스트)의 피아노 연습곡 중「라 캄파넬라La Campanella」를 좋아합니다. 그 곡을 들으면 바로 좋아할 수밖에 없다고 생각합니다. '작은 종'이라는 뜻의 곡 제목 그대로 연주 시작 부분에 피아노 소리라고는 믿기 어려운, 아름다운 종소리의 음들이 은은하게 울려 퍼집니다. 너무 경이로워 숨을 죽이고 들을 수밖에 없습니다. 들으면 그 매력적인 멜로디를 연주하고 싶어집니다. 하지만 꽤 높은 수준의 기술과 예술적 표현력이 요구됩니다.

리스트는 작곡가 체르니의 제자로도 알려져 있습니다. 체르니는 피아노 연주에 필요한 기교를 연마하는 에튀드etude(연습곡)를 만든 교육자로 잘 알려져 있죠. 흔히 알고 있는 '체르니 100' 연습곡으로 시작해서 30, 40, 50⋯ 순으로 기술적 난이도가 올라갑니다. 체르니 연습곡은 50이 끝이 아닙니다. 대중적으로 잘 알려지지는 않았으나 그 뒤로 더 많은 연습곡들이 있습니다.

피아노를 배울 때 보통 체르니 40~50 정도까지 다루고, 쇼팽이나 다른 낭만주의 시대 작곡가들의 연습곡으로 기교와 음악성을 기릅니다. 이때부터 전공자로서의 길이 본격적으로 시작됩니다.

리스트 이야기를 하면서 이런 설명을 덧붙인 이유는 체르니 60을 살펴보면 리스트의 「라 캄파넬라」에서 요구하는 기교를 집중 연마할 수 있는 곡들이 있기 때문입니다. 리스트가 작곡할 때 스승 체르니의 영향을 받은 흔적들이 이런 식으로 보입니다. 문제는 리스트의 「라 캄파넬라」를 연주하고 싶다는 여러 학생들이 체르니를 100, 30에서 포기한다는 것입니다.

체르니는 싫지만 「라 캄파넬라」는 연주하고 싶다! 10대 학생들이 할 수 있는 자연스러운 생각이기는 합니다. 운동하기는 싫지만 멋진 근육을 가지고 싶다는 심리와 같습니다. 안타깝지만 불가능합니다. 의무적으로 체르니 과정을 배우라고 강조하는 것이 아니라, 리스트와 체르니의 관계에서 왜 배워야 하는지를 짚으려 합니다.

체르니는 베토벤의 제자입니다. 대 스승 베토벤의 곡을 다룬 경험이 없는데, 체르니를 거부하고 리스트를 원한다고 생각해 보세요. 밥은 맛이 없으니 달콤한 초콜릿을 먹겠다는 것입니다. 밥의 참맛을 모르고 그러는 것입니다. 베토벤은 그 윗세대인 모차르트와 하이든을 만나 그들의 영향을 받았습니다. 필요한 중간 과정을 건너뛰고 리스트를 배우고 싶다면 시작부터 막혀 배울 수 없습니다. 음악성은 차치하고, 기술적인 부분이 한참 부족하기 때문입니다.

미각이 잘 발달할수록 내 입속의 혀는 맛을 더 섬세하게 구분할 것입니다. 그런 구분이 가능하면 각각의 맛이 주는 느낌도 잘 파악할 수 있습니다. 더 나아가 내가 좋아하는 맛이 어떤 맛인지 알고, 직접 요리를 할 때 내가 특별히 강조하고 싶은 맛을 더 잘 낼 수 있습니다. 그렇게 참맛을 알아 갑니다.

마찬가지입니다. 체르니 연습곡이 얼마나 아름다운지 몰라서 건너뛰려 합니다. 밥맛을 모르고 초콜릿을 찾는 아이에게 아이 건강을 생각해 밥을 먹이는 건 엄마의 의무입니다. 체르니를 맛보게 하는, 즉 경험하게 하는 것은 피아노 교사의 의무입니다. 어떻게든 영양을 생각해 밥을 한 술 뜨게 만드는 것이 교사의 역할입니다.

간혹 어떤 부모들은 "우리 아이가 음악을 즐길 수 있는 사람이 됐으면 좋겠다"고 하면서, 아이가 고통 없이 결과물을 얻는 수업을 하기를 원합니다. 편식이 바람직하지 않은 이유가 이런 데 있습니다. 고통에 대해서는 생명감각의 장에서도 이야기했지만 좀 더 강조할 필요가 있습니다. 배움이 즐거운 이유는 쉬워서가 아닙니다. 못할 것 같다고 생각한 것을 해내는 자신을 발견해서입니다. 힘들고 어려운 관문을 극복한 나를 만날 수 있기 때문입니다.

성장 과정에서 이것저것 배우지만 힘들면 그만두는 것을 반복했다면 성인이 되어 무언가 배우는 것을 꺼려 합니다. 어려움을 이겨 낸 경험이 없어 배우는 행위 자체가 두려운 것입니다. 즐겁게 배운다는 것은 배우는 과정이 즐겁다는 뜻이 아닙니다. 괴로운 과정 사이사이에 자신에게 감탄하는 즐거움이 따르는 것입니다.

아이가 무언가를 배우는 과정에서 어렵다고 하는 칭얼거림이 부모의 피로도를 높입니다. 아이에게는 힘들지 않게 해 줄 어른이 아닌, 다음과 같이 말해 줄 어른이 필요합니다.

"맞아! 맞아! 이걸 전혀 힘들지 않다고 느낀다면 그건 이상한 거야. 네가 느끼는 그 힘든 마음이 맞아. 만약에 네가 이것을 하면서 전혀 힘들다고 느끼지 않는다면 선생님은 필요 없지. 세상의 선생님들은 모두 사라질 거야. 선생님은 힘들 때 도와주려고 있는 거야."

학생이나 자녀가 힘들다고 할 때 해결책을 내놓는 방식으로 그것을 부정하는 어른이 되지 않기 바랍니다. '맞다, 힘든 것은 네가 제대로 느끼고 있는 것'이라고 수긍해 줘야 합니다. 힘든 것을 비정상적으로 만드는 어른들 때문에 학생들은 힘들어 지는 바로 그 지점에서 그만둡니다. 힘들 것 같아 죄다 피하다 보면, 내가 무엇을 어디까지 얼마만큼 할 수 있는지 가늠할 수 없습니다.

학생들이 어렵다고 할 때는 시각의 장에서도 말했듯, 진짜 어려운 것이 아니라 귀찮은 것이라는 사실을 알아야 합니다. 될 때까지 반복해 나가는 과정이 귀찮은 것이지, 진짜 어려운 것이 아닙니다. 균형감각의 장에서 다룬 쉽게 사는 방법에 관한 이야기를 떠올려 보세요. 귀찮은 것, 번거로운 것을 반복할 줄 아는 사람에게 쉬운 삶이 주어집니다. 먹기 귀찮아 안 먹다 보면 먹을 수 있는 것이 없습니다.

무언가를 즐긴다는 것은 자유로워진다는 뜻입니다. 처음부터 자유로움에서 시작하지 않습니다. 자유에서 시작하는 자유는 방종입니다. 나는 소시지를 좋아하니 내 밥상에 항상 소시지를 놔 달라는 요구는 이기적인 것이고, 자기 몸도 망가뜨리는 일입니다. 모차르트, 하이든, 베토벤, 체르니를 건너뛴 채 리스트를 배우는 자유를 누릴 수 없듯 말입니다. 따라서 편식은 개선해야 합니다. 이 세상의 참맛을 알고 세상을 맛있게 살기 위해, 먹기 싫은 것도 먹어 볼 줄 알아야 합니다.

모든 교육은 소화 작용이다

가끔 어머니들로부터 "아이가 체르니 30까지 배웠는데도 제대로 칠 수 있는 게 없더라구요" 하는 말을 상담 중에 많이 듣습니다. 배웠는데도 제대로 칠 줄 아는 게 없는 이유는 배움에 편식 습관이 있는 것과 더불어 중요한 문제가 하나 더 있습니다.

우리가 무언가를 먹으려면 음식물을 입속에 넣는 것이 먼저입니다. 하지만 그 상태로 있으면 먹었다고 할 수 없습니다. 입에 넣는 것까지는 타인이 독려할 수 있습니다. 그것을 씹어 삼키는 행위에 타인은 참여할 수 없습니다. 입속에 들어온 음식물을 침을 섞어 가며 이로 잘게 쪼개어 목으로 넘기는 일은 온전히 나의 몫입니다.

많이 배웠는데 제대로 연주할 줄 아는 게 없다면 하루에 자기 몫의 연습을 얼마나 하는지 보세요. 연습은 입속에 들어간 음식을 잘게 쪼개고 넘기고 소화시키는 일입니다. 그것을 하지 않는다면 먹은 것이 없는 것과 같습니다. 그렇기 때문에 남는 것도 없습니다. 악기 교육은 이렇게 자발적 참여를 요구합니다.

학생들은 이런 생각을 하곤 합니다.

'해야겠다는 건 알겠는데, 왜 내 몸은 말을 듣지 않을까? 내가 왜 이렇게 미적거리는 걸까?'

이 상태로(숙제나 연습을 충실히 하지 않은) 선생님을 만나러 가는 것이 몹시 불편한 학생이 있는가 하면, 불편한 느낌 없이 무언가를 하는 그 시간이 순수하게 좋은 학생도 있습니다. 전자의 학생은 선생님께 미안한 감정이 들어 자신을 한심스럽기 여기죠. 그 와중에 부모는 이렇게 말합니다.

"그런 식으로 할 거면 그만 둬."

부모는 아이를 이해할 수 없다는 눈길로 봅니다. 당신은 그런 내적 갈등을 전혀 경험한 적이 없다는 듯 말입니다. 어쩌면 자녀에게 부담스러운 투자를 하고 있어서 그런 말을 하는지도 모릅니다.

초중고 시절에 겪는 내적인 괴로움은 교사나 부모가 아닌 학생 자신만이 끝낼 수 있습니다. 그 불편한 상황을 외부의 힘으로 끝낸다면 그 학생은 자신을 알 기회를 잃게 됩니다. 이러지도 저러지도 못하는 경험을 하는 중에 자기 자신을 파악할 수 있습니다. 미적거리는 그 시간이 필요합니다. 그래서 그만두지 않는 것입니다. 미적거리고 서툴기 때문에 그만둬야 한다면 이 세상에서 할 수 있는 게 뭐가 있겠습니까.

수업이 끝날 무렵 저는 다음 시간까지 연습해 오라는 말을 꼭 합니다. 하지만 수업을 시작할 때는 연습량을 묻는다거나 연습이 부족한 것에 대해 혼내지 않습니다. 그럼에도 학생들 중에는 제 얼굴을 보자마자 먼저 나서서 연습을 못했고 그 이유를 말하기도 합니다. 연습해야 하는 걸 알면서도 하지 않아 핑계를 대지만 마음이 불편한 것입니다. 급기야 이렇게 질문하는 학생도 있습니다.

"선생님은 연습하기 싫을 때 어떻게 해요?"

이 질문은 제발 나를 연습할 수 있게 도와 달라, 피아노 앞에 앉는 것이 너무 힘들다는 뜻이기도 합니다.

연습할 때는 어떤 특정 부분을 개선하겠다는 목표가 있어야 합니다. 그런 목표 없이 처음부터 끝까지 능숙하게 칠 수 있어야 한다는 생각을 하기 때문에 연습하기 싫은 것입니다. 할 일이 너무 많다고 느껴지면 다 놓아 버리고 싶은 게 사람 마음입니다. 전체가 아닌 일부, 즉 어떤 마디를 잘 치고 싶은지 자문해서 또는 수업 시간에 유난히 더듬거린 부분에 집중해서 연습량을 줄입니다.

모든 교육은 음식물을 먹는 행위와 유사합니다. 직접 참여하지 않고 결과물을 얻을 수는 없습니다. 자기 참여의 과정을 생략하게 만드는 것은 한 인간의 성장을 진심으로 돕는 일이 아닙니다.

리스트 「라 캄파넬라」 일부

옆의 악보는 리스트의 「라 캄파넬라」 원곡의 일부입니다. 저는 원곡을 쉬운 버전으로 만들어 놓은 악보로 가르치는 것을 매우 경계합니다.

전공자들은 악보가 없어도 이 부분의 연주를 귀로 들을 때 음표들을 모두 듣습니다. 그러나 초보자들은 가령 첫째 단 끝 마디 8개의 음표가 분명 연주되고 있어도, 동그라미로 표시된 네 개의 음밖에 듣지 못합니다. 듣기 능력이 아직 그 단계에 있기 때문입니다.

앞서 슈베르트 악보로 설명했던 것을 떠올리시면 됩니다. 연주자가 중요한 음에 힘을 더 주어 표현하게 되는데, 이 곡에서는 표시한 부분이 바로 그것입니다. 초보자의 귀에는 중요한 음들과 그 주변 음들이 모두 들리지 않고, 연주자가 중요하게 표현한 음만 들립니다. 그래서 초보자를 위한 악보에는 표시된 음만 한 손가락으로도 칠 수 있게, 그리고 최대한 흰 건반 위에서만 칠 수 있게 그려져 있습니다. 곡 전체 분량도 소위 듣기 좋은 하이라이트 부분만 넣어 한 페이지로 끝납니다. 이렇게 쉬운 버전의 악보로 배우는 초보자는 원곡 전체에 대한 관심이 생기는 것이 아니라, "나도 「라 캄파넬라」를 칠 줄 안다"로 끝나 버립니다. 어설픈 앎으로 끝나는 것이죠.

쉬운 버전으로 편곡된 곡은 영양소를 고루 갖춘 반찬들은 다

빼고 소시지만 있는 밥상입니다. 자기가 먹고 싶은 것을 먹었으니 된 것이고, 계속 그런 식으로 다른 곡에서도 소시지만 쏙 빼먹기를 원합니다. 이렇게 되면 발전하기 어렵습니다. 체르니와 베토벤도 만난 적 없는 아이에게 진짜 리스트가 아닌, 리스트인 척 하는 가짜를 소개하는 일은 경계할 필요가 있습니다.

어설픈 앎은 자만심만 심어 줍니다. 내 아이에 대해 잘 안다고 생각하는 부모일수록 자녀에 대해 더 모르는 경우가 많습니다. 아무리 부모라도 자녀를 다 알 수 없습니다. 만약 그럴 경우 어떤 일이 벌어질지 상상해 보십시오. 그 아이에 대해 더 이상 알게 없다는 것과 다르지 않습니다. 더 이상 그 아이에 대해 알 필요가 없고, 그렇기 때문에 이제부터 내 마음대로 아이를 상대하면 된다고 착각합니다. 상당히 위험한 발상입니다. 아이가 느끼지 않는 감정까지 부모 마음대로 느낍니다.

보통의 부모들은 자녀를 다 알기 어렵기 때문에 계속 관심을 가지고 알려고 노력합니다. 반면 다 안다고 생각하는 부모는 교사에게 아이 상대하는 법까지 알려 줍니다. 하지만 현장에서 교사가 그 방법을 쓸 일은 없습니다. 부모의 걱정에서 나오는 것이거나 아이를 어설프게 아는 데서 나온 방법이기 때문입니다. 우리는 모르기 때문에 배우려고 해야 합니다.

악기 수업에서 어떤 곡을 배우기 어렵다면 쉽게 편곡된 곡이 아닌, 난이도가 조금 낮은 곡들부터 단계적으로 연습해야 합니다. 그래야 결국 내가 원하는 곡의 원곡을 다룰 수 있습니다. 이런 방식으로 자유를 얻을 수 있습니다. 진정으로 알아 가는 과정을 통해 결국 내가 원하는 것을 제대로 해냅니다. 자유를 누리기 위해서는 꽤 긴 과정이 필요합니다.

여기서 하나 더 알아야 할 것이 있습니다! 리스트의 「라 캄파넬라」는 피아노 곡으로 편곡된 것입니다. 원작자는 이탈리아의 바이올리니스트인 니콜로 파가니니Niccolò Paganini(1782-1840)입니다. 리스트는 다른 기악곡이나 성악곡을 피아노 독주를 위해 자기 스타일로 편곡하는 훌륭한 편곡자이기도 합니다.

집집마다 담그는 김치 맛이 다르죠. 작곡가마다 자기의 맛을 내기 위한 스타일들이 있습니다. 작곡가의 곡들을 꼭꼭 잘 씹어서 삼키고 소화시키는 연습을 많이 하면, 난생 처음 듣는 클래식 음악을 듣고도 누가 작곡했는지, 적어도 어느 시대의 곡인지 알아보고 알아듣습니다.

작곡가들에게는 스승들이 있고, 스승에게서 배운 것을 이용해 자기가 표현하고자 하는 것을 담아 작곡합니다. 그런 창조 행위는 요리사처럼 미각이 뛰어나게 발달하지 않고서는 어려운 일입니다. 위대한 작곡가처럼은 아니어도, 평범한 사람들이 미각을 잘 발달시키기 위해서는 끝까지 먹어 보려는 습관이 필요합니다. 시작과 끝이 있는 음악은 끝까지 먹어 보는(경험하는) 습관을 만들기에 유리합니다.

어떤 교육이든 내일 당장 뭔가를 대충 이루는, 즉 흉내에 그치는 교육이 아니라 언젠가 진짜 이룰 그날을 위해 준비하는 것이 되어야 합니다.

단순히 「라 캄파넬라」의 시작 멜로디에 열광하고 끝나는 것이 아니라, 그것을 만든 리스트라는 사람과 진지하게 만날 그날을 위해 준비하는 것입니다. 설령 끝내 내 인생에서 리스트와 만나지는 못하더라도(리스트의 곡을 다루지 못해도) 리스트의 소시지 부분만 맛보는 것보다는 훨씬 낫습니다. 단편적인 시각이 만들어지지 않도록 예방할 수 있다는 뜻입니다.

7 장

언어감각

언어의 한계를 깨는 예술교육

우리가 어떤 소리를 듣고 모방하려면 그 소리가 잡음이나 다른 소리와 구분되어 들려야 합니다. 언어감각이 바로 그런 기능을 합니다. 외국어를 습득할 때를 떠올려 보세요.

언어감각은 인간의 의사소통 수단인 언어를 배우기 위해 꼭 필요하고, 언어감각이 뛰어나면 언어를 잘 구사할 수 있습니다. 언어는 타인과 소통하기 위한 가장 편리한 수단인 것은 맞지만 표면적이고 추상적입니다. "사랑해"라고 말로 표현하는 경우와 사랑하는 사람을 안아 주는 행위를 비교해 보세요. 열감각의 장에서 교사가 학생에게 말로 설명하기보다는 직접 연주를 들려준다는 이야기를 했습니다. 말로 설명하는 것이 무의미한 순간에 그렇게 합니다.

낭만주의 시대의 독일 작곡가 펠릭스 멘델스존Felix Mendelssohn(1809-1847)은 가사가 없는 노래라는 뜻의 「무언가無言歌 Lieder ohne worte」 49곡을 작곡했습니다. 피아노가 부르는 짧은 노래들입니다. 멘델스존이 직접 제목을 붙인 곡들도 있지만 제목을 붙이지 않은 곡들이 더 많습니다.

후대에 붙여진 곡의 이름은 작곡가와 후세대 연주자의 진지한 교감을 방해할 수 있습니다. 언어가 필요 없는 때조차 언어를 남발하면 부작용이 생깁니다. 우리는 예술을 통해 언어의 한계를 알게 됩니다. 따라서 말로만 이뤄진 교육이 가장 낮은 차원의 교육이라는 현실을 마주하기도 합니다.

자기도 모르는 사이에 낮은 차원으로 내려가지 않도록 언어 표현에 각별히 주의해야 할 것입니다. 단순히 단어 선택과 말조심의 의미만은 아닙니다. 내가 하는 말이 듣는 사람에게 가 닿으려면 그 말은 진실이어야 하고 진심이 담겨 있어야 합니다. 진실은 참된 것이고, 진심은 바라는 마음입니다. 이것이 예술입니다. 온몸에 와닿는 것입니다.

학생이 보면대 한쪽에 휴대폰을 켠 채 올려놓고 수업을 시작하려는 일이 있었습니다. 보면대에는 그날 배울 쇼팽의 악보가 있었습니다. 저는 "휴대폰 *끄고* 집어넣어라"라는 말 대신 다음과 같이 말했습니다.

"아무나 만날 수 있는 사람이 아닌 쇼팽을 만나는 자리에서 쇼팽보다 더 중요한 다른 사람의 연락을 기다리는 것이니?"

쇼팽의 곡을 연주하면서 그와 교감하는 기회를 갖는 사람들은 한정적입니다. 그 기회를 갖게 된 사람으로 이 시간을 좀 진지하게 여기기 바란다는 뜻을 담아 한 말입니다. 자동화되고 기계화된 시대에 우리는 더 반사적으로 기계적으로 말하곤 합니다. 휴대폰을 집어넣으라는 피상적인 말보다 이 말이 더 무섭게 느껴질 수 있습니다. 진실을 마주하는 일은 때로 무서운 일이기도 합니다.

'나는 그냥 시간이 되었으니까 피아노를 치는 거라고 생각했는데. 지금 내가 하려는 행위가 쇼팽과 교감하는 일이구나.'

알기 전에는 모르지만, 그렇게 알게 함으로써 학생들은 놀라게 됩니다. 그리고 자신의 행위를 아무렇게나 여기지 않게 됩니다.

슈타이너는 "우리에게 음악이 없다면 끔찍한 힘들이 우리 안에서 올라올 것"(p.152)이고, "음악은 인간의 내면으로부터 올라오는 루시퍼적인 힘들, 즉 배신, 살인, 악의를 막는 방어 수단"(p.153)이라고 합니다(인용문 출처 『천체의 음악 인간의 신비』). 진실을 진심으로 전하는 예술은 가짜가 혼재한 지금 이 시대에 특히 필요합니다.

음악이라는 영역에서는 언어감각이 뛰어나지 않아도 연주자가 될 수 있습니다. 또 작곡가들은 말로 다 표현할 수 없는 것들을 음악으로 표현할 수 있습니다. 음악을 다루는 저는 글을 쓰면서 제가 사용하는 어휘가 다양하지 않다는 사실을 새삼 알게 됩니다. 오히려 음악으로 더 많은 것을 표현할 수 있습니다. 그래서 악기 수업을 할 때 말이 무의미해지는 순간들이 많습니다.

　음악이나 미술을 꼭 접할 수 없더라도 괜찮습니다. 예술적인 것에 대한 이해를 가진 어른이라면 학생들에게 어떻게 말을 건네야 할지 고민할 수 있습니다. 이것은 말하기 기술에 관한 문제가 아닙니다. 기계적으로 하는 껍데기에 불과한 말과 알맹이가 든 말의 차이를 아실 것입니다. 껍데기 말은 순간의 불편함이나 불쾌감을 모면하기 위해 그냥 하는 소리입니다. 알맹이가 찬 말은 진실입니다. 진실을 전달하는 것이 예술교육이자, 교육의 예술성입니다.

　예술은 단순히 음악, 문학, 미술이 아니라 온몸에 와닿는 것입니다. 그래서 우리가 예술적인 것을 접했을 때 놀라지 않을 수 없습니다. 스스로 깨어나게 합니다. 『천체의 음악 인간의 신비』에서 슈타이너는 이렇게 말합니다. "새 시대의 가장 참담한 결과 중 하나는 어떤 식으로든 더 나은 강사가 될수록 덜 예술적으로 쓰고, 부족한 강사일수록 더 예술적으로 쓴다는 것입니다."(p.173 인용) 무언가 많이 알고는 있지만 그것을 전달하는 방식에 대한 고민이 부족할 때 벌어지는 문제를 지적합니다.

　내 안에 예술적으로 느끼는 힘이 부족할수록, 가만히 있어도 귀에 저절로 꽂히는(수동성) 속도감 있는 연주 기교에 더 끌리게 됩니다. 하나하나 적극적으로 들으며(능동성) 감상하기 어려워합

니다. 예술은 적극적으로 보고, 듣고, 행동하기를 요구합니다. 예
술성은 그렇게 키울 수 있습니다.

교사의 무능감

음악성이 전혀 보이지 않던 저의 중고등 시절, 저를 지도해 주신 선생님이 피아노를 그만두라고 했다면 저는 음악성이 없는 사람인 줄 알고 살았을 것입니다. 열여덟 살의 저는 형편없는 이해력으로 악보도 겨우 보는 학생이었습니다. 전공자들은 그 정도 나이에 악보를 척척 읽어 내니까요. 그러나 지내고 보니 저에게 음악성이 없는 것이 아니었습니다.

초중고 단계에서 어떤 교사는 특정 수준에 못 미친 학생들을 받지 않는 경우가 있습니다. 그 특정 수준이란 것이 지극히 주관적인 것으로 교사 자신이 거기에 못 미치기 때문입니다. 주관적인 기준이기 때문에 실제로 무능력한 것이 아니라 무능감인 경우가 많습니다. 무능감이라는 주관적 느낌은 스스로를 한계에 가두고 발전을 방해합니다. 그 수준에 이르지 못했다고 생각하는 자신의 능력을 학생을 통해 보완하려는 심리적인 이유로 학생을 가려서 받는 것입니다.

'준비된 학생'을 만나는 것은 교사가 좋은 결과물을 '쉽게' 얻는 방법이 됩니다. 좀 더 직설적으로 표현하면 '쉽게 돈을 벌고 싶을 때' 학생을 가려서 받게 됩니다. 내 밑에 있는 학생들이 좋은 결과를 내야 그 뒤로 계속 역량 있는 학생들이 나를 찾아오기 때문입니다. 그렇게 교사는 편하게 지낼 수 있는 것이죠. 돈과 명예의 노예가 되면 학생을 도구로 이용합니다. 돈과 명예의 노예가 되는 이유가 바로 무능감 때문입니다. 무능감에 휩싸인 교사는 학생을 도구로 보고, 어떻게 하면 그 학생이 자본가늘의 관심과 사랑의 내상이 될 수 있을까를 고려합니다. 이 차이를 알아야 합니다.

어떤 학생이 지금은 의지도 자질도 없어 보이지만, 그 아이 내면에서 일어나는 전쟁을 안다면 교사가 먼저 그만두라는 말을 할 수 없습니다.

학교 입학을 앞둔 7세 아이가 한글을 몰라 피아노를 배울 수 없었다는 말을 듣곤 합니다. 대부분 피아노 학원에 다니는 미취학 아동들은 집에서 한글을 익힌 상태로 옵니다. 피아노 교사가 한글을 모르는 아이들에게는 피아노 교육을 하지 않기 때문입니다. 피아노 수업을 핑계로 한글까지 가르치려는 부모들의 계산된 요구에 실제로 교사들의 어려움은 가중됩니다. 피아노 수업에서 한글까지 가르쳐 주기를 바라는 부모에게는 이론과 악보 없이 수업을 진행한다는 사실을 분명히 알려야 합니다.

한글 습득은 이론 교육에는 꼭 필요하지만, 피아노 교육에서는 꼭 그렇지 않습니다. 한글 없이(악보 없이) 피아노 가르치는 방법을 모르는 것뿐입니다. 어떻게 가르칠지 모르는 교사는 자신의 부족함과 나태함을 마주하기 싫어 회피합니다.

자신의 무능감을 보완할 학생만 가르치려는 교사는 학생 실력을 자기 실력으로 착각합니다. 무능감이 큰 교사는 잘하는 학생은 자기 덕분이고, 따라오기 힘들어하거나 배움에 의지를 보이지 못하는 학생은 그들 탓으로 생각합니다. 수업에서 뒤처지는 학생은 교사의 무능력함을 증명하는 학생이 아니라, 교사가 더 배워야 할 것이 있음을 알려 주는 학생입니다.

교사에게 무능감이 없으면 잘 따라오는 학생이나 따라오기 힘들어하는 학생 모두를 배움의 대상으로 바라봅니다. 교사라면 학생의 바른 성장을 원하는지, 자신의 무능감을 없앨 결과물을 원하는지 바로 알아야 합니다.

하고자 하는 의지가 안 보이는 학생을 붙들고 무언가를 시도하려는 교사는 사실 고통스럽습니다. 그럼에도 학생을 위한다면 "이럴 거면 그만두는 게 좋겠어"라고 통보하듯이 말하지 않습니다. 나중에 그 학생이 더 높은 실력을 보여 줄 수도 있습니다. 실제로 일어나는 일들입니다!

저는 10분을 겨우 집중하던 학생이 1년 반이 흐른 뒤 1시간을 집중하게 되리라고는 상상하지 못했습니다. 아이들을 가르치다 보면 혹은 키우다 보면 한참 세월이 흐르고 상상도 못할 일들이 많이 일어납니다. 열린 생각을 가져야 할 이유가 여기에 있습니다.

지금 싹이 보이지 않는다고 자르는 것은 교사가 자기 노력에 대한 결과를 즉각적으로 보고 싶은 이기심에서 비롯됩니다. '내가 이만큼 노력했으면 네가 이 정도는 보여 줘야 하는 게 아니냐'라는 무능감을 가진 교사리면 가르치는 일을 그만둬야 할 것입니다. 대학 같은 고등 교육 기관에서는 교육자가 그렇게 할 수 있습니다. 대학은 특정 분야에 집중하리라 마음을 먹고 시작하는 곳이기 때문입니다. 하지만 초중고 과정이라면 그렇게 하지 말아야 합니다.

내 노력이 누구에게나 통할 것이라는 착각, 내가 노력하는 방식에 문제가 없다고 착각할 때 '좋은 자질을 지닌 학생'만 가르치려고 합니다. 그렇게 능력 있는 교사로 소문이 난들 그것은 자기 능력이 아닙니다. 진짜 능력 있는 교사는 스스로 무능감에 빠지지 않기 위해 노력하고 또 노력합니다. 따라서 학생의 싹을 먼저 자르지 않습니다.

교육은 상품이 아니다

자기를 팔아야 할 하나의 상품으로 여기는 피아니스트가 있다면 그는 자기가 원하는 것이 아닌, 소비자나 잠재적 고용자의 욕구부터 파악해서 장기자랑을 해야 할 것입니다. 고등학교 시절 저는 선생님께 부탁해 콩쿠르에 참가하고 수상한 경력이 있습니다. 저 역시 무의식중에 나는 과연 사람들을 만족시킬 만한 능력이 있을까, 나의 가치는 어느 정도일까를 생각했던 것입니다. 그러나 작곡가와 청중과의 연결 다리인 피아니스트는 그 만남이 성사되는 자리에서 장기자랑을 할 이유가 없습니다.

내 존재 자체로 의미 있는 도구가 되는 것과 팔릴 수 있어야 좋은 도구라 생각하는 것은 다릅니다. 자신의 소망대로 베토벤 「피아노 소나타」 전곡을 녹음하는 엄청난 일을 해낸 임현정 피아니스트는 콩쿠르 수상 경력 없이 피아니스트로 데뷔했고, 연주회에서는 늘 검은색 옷을 입고 등장합니다. 그녀는 자신이 진심으로 원하는 활동을 하고, 그녀 곁에는 그녀의 활동을 좋아하는 사람들이 모입니다. 그녀는 음악보다 돋보이고 싶은 마음이 크지 않아, 자신을 상품으로 여기지 않아, 오히려 그 귀한 존재를 드러낼 수 있었습니다.

피아니스트 임윤찬은 콩쿠르에서 우승했다는 사실에 특별히 기뻐하지 않았습니다. 그것은 애초에 그의 관심사가 아니었습니다. 공부의 연장선상으로 그 이상도 이하도 아니었던 것입니다. 누군가를 만족시키는 것이 우선이 아닌, 자신이 원하는 활동이 우선이었습니다. 역설적이게도 자기를 상품으로 만드는 데너무 집중하면 할수록 오히려 경제 활동에서 멀어지게 됩니다.

저는 콩쿠르에 참가하고 싶다는 학생들을 말리지 않습니다. 자신이 연주하는 이유를 아직 명확히 모를 때 하는 경험도 쌓이면 나중에 알게 됩니다. 내가 왜 연주를 하는지, 또 나는 팔려야 할 상품이 아니라 연결 다리라는 사실을 말입니다.

겉보기에는 예술적 행위를 하면서 자신을 누군가에게 만족시키는 상품으로 여기는 사람들이 있습니다. 그들은 진실과 진심에 관심이 없습니다. 자본주의 사회에서 우리는 인간을 더욱 인간답게 키울 수 있는 방법을 고민해야 합니다.

교사가 학생을 도구로 여길 경우 당장 편하게 쓸 수 있는 도구들, 즉 잘 따라오는 학생들만 남길 것입니다. 그렇지 못한, 즉 다루기 어려운 나머지 학생들은 버리려 할 것입니다. 그것이 부모에게는 당신 아이가 상위 그룹에 속한다는 우월감을 심는 도구로 이용되기도 합니다. 미성숙한 어린 학생들은 자기가 누군가를 만족시키는 데 사용되는 도구라는 사실도 모른 채 우월감에 빠집니다. 그러다 바깥세상으로 나오면 팔리지 않는 상품이 될까 봐 전전긍긍하며 불안에 떱니다.

교사는 학생이 잘 따라오지 못한다고 해서, 의지가 없어 보인다 해서, 이런 학생들을 가르치는 일이 무의미하다고 판단하기를 멈춰야 합니다. 그리고 학생들이 '무엇을 위해' 나라는 교사의 지침을 따라야 하는지 사유해 봐야 할 것입니다.

피아노, 어디에서 배울 것인가

현재 집에 피아노가 없고 들여 놓을 계획도 아직 없지만, 피아노를 배우고 싶다면 거의 매일 피아노를 칠 수 있는 조건이 되는 학원을 찾아보는 것이 좋습니다. 또 학원까지 오고 가는 거리가 부담스럽게 느껴지지 않을 정도면 더욱 좋습니다.

악기 교육은 연습 행위 자체가 정신적으로 깨닫게 하고, 악기 외의 것을 배울 수 있게 합니다. 어디서 배우는지는 중요하지 않습니다. 연습을 통해 발전하는 자신에 대해 놀라고 기뻐하며 자신감을 얻게 되는 것이 중요합니다. 이런 점에서 악기 교육은 치유 교육적인 특징이 있습니다. 이런 효과는 아무리 개인 레슨을 잘 받는다 해도 스스로 연습 시간을 갖지 않으면 경험하지 못합니다. 집에 피아노가 있다고 모두 연습이라는 능동적 행위를 하는 것은 아닙니다. 연습 활동은 쉽지 않은 행위입니다.

저는 앞서 많은 사람들이 자신의 부족함을 마주하는 일을 두려움 때문에 싫어한다고 했습니다. 그런 이들이 선택하는 활동은 소비 활동입니다. 실수나 실패를 겪지 않을 활동이기 때문입니다. 시간이나 돈이라는 한정적 자원이 줄어드는 데서 오는 불안감은 있겠지만요.

소비 활동에서 돈이 아깝다거나 내 선택에 실수가 있었다는 생각은 하지만, 그것이 자신의 부족한 능력을 마주하는 경험은 아닙니다. 과소비한 자신을 깨닫는 것은 능력의 문제가 아니라 습관의 문제이기 때문입니다.

나의 능력을 마주하는 생산적 활동을 회피하는 일은 나의 실수, 나의 실패를 회피하는 것입니다. 책을 정독하기보다 탐닉하듯 많이 읽는 것 역시 소비 활동에 가깝습니다. 앉아서 책을 읽고 있는 한 내 능력을 마주하는 일로부터 자유로운 것이죠. 아무것도 안 하고 있으면 뒤처지는 것 같으니 뭐라도 하는 것입니다. 내 능력에 대한 걱정은 떨치고 싶고, 무언가를 하는 느낌은 갖고 싶고, 그래서 글을 음미하지 못하고 해치우듯 읽습니다.

악기를 꾸준히 배워 온 사람들은 항상 모자라고 부족한 데서부터 출발합니다. 그리고 계속 나아지는 경험을 쌓게 됩니다. 그들은 낯선 무언가를 배우기 시작할 때 익히는 속도가 더디고 부족해도 좌절하는 경우가 드뭅니다. 오히려 그런 자신을 끌어안을 줄 압니다. 결국 끝까지 해냅니다.

성장하는 아이들에게 연습해야 결과가 나오는 활동을 꾸준히 할 수 있도록 돕는 것이 좋습니다. 종종 부모들로부터 아이가 시작한 것을 끝까지 못하고 그만두기를 반복한다는 말을 듣습니다. 그런 아이들은 조급한 것입니다. 만족스러운 결과나 그럴싸한 것을 빨리 얻고 싶기 때문입니다. 또 시작 단계부터 버벅거리는 자신이 싫은 것입니다.

새로운 시도를 하다가 그만두기를 반복하는 것은 기운이 넘쳐서가 아니라 끝까지 가 본 경험이 부족한 것입니다. 부담이 적은 것부터 끝까지 해 볼 수 있게 권해 보십시오. 한 번 끝까지 해 본 사람은 그것이 정서적 기반이 되어 다른 것도 끝까지 할 수 있게 됩니다. 그렇게 안정적인 심리적 토대가 마련됩니다.

살면서 끝까지 해 본 경험이 없는 부모라면 성장하는 아이를 통해 한 번 경험해 보시기 바랍니다. 끝까지 키우는 일은 단순히 성인이 될 때까지 경제적인 책임을 지는 일이 아닙니다. 한 인간으로서 깊이와 자긍심을 키우는 일입니다. 키우는 과정에서 그럴싸한 결과를 보려고 애쓰지 마십시오. 어떤 보람이라는 환상을 갖지 말고 끝에 어떤 일이 일어나는지 한 번 보는 겁니다.

작곡가의 작품을 소화하는 일인 피아노 연습은 늘 그렇게 진행됩니다. 보람을 찾으려고 하는 행위가 아닙니다. 아이들은 피아노 연습을 통해 끝까지 가 보는 과정을 매번 하게 될 것입니다. 그것은 나 자신에 대한 놀라움을 느끼는 연습이기도 합니다. 이 얼마나 현실적이고 실용적인 일인가요!

맺음말

　내가 어떤 것을 하고 싶은지 모른 채 어려서부터 어른들의 부추김에 이끌려 무언가를 배우고 있었다면, 어느 날 '내가 왜 이걸 이렇게까지 오래 하고 있지'라는 회의감에 사로잡힐지 모릅니다. 배운 게 도둑질이라고 하고 싶지 않다는 걸 알았지만 어쩔 수 없이 지속할지 모릅니다. 이런 일이 없으려면 아이들이 갖는 배움에 대한 자세와 의사를 꾸준히 관찰하고 살펴야 합니다. 전문가부터 찾는 게 먼저가 아니라는 말씀입니다.

　예를 들어 성장기에 '내 방'이라는 혜택을 받고 자란 아이들이 모두 그것을 기회로 여기기는 않습니다. 간혹 안방을 자녀에게 내주는 가정이 있는데 다시 생각해 볼 문제입니다. 좋은 교육 환경을 제공하고 싶은 것은 부모의 마음입니다.

　더 깊이 들여다보면 자녀의 이력으로 사회에서 괜찮은 부모라 인정받고 싶은 부모의 욕망일지 모릅니다. 다 먹지도 못할 정도로 많이 주면 아이들은 부담을 느끼고 먹지도 못합니다. 자녀로 하여금 '필요한 것을 모두 제공받았는데도 무능한 사람'으로 느끼게끔 만들지 마시기 바랍니다. 그 부채감은 평생 부모의 말을 거역하지 못하고 사는 일로 이어질 수 있습니다. 반항하면서도 부모를 떠나지 못하는 것은 효자와 효녀가 아니라 영원히 어린아이인 채로 있는 것입니다.

그렇게 자란 아이들이 예외적으로 부모의 말을 거스르고 자기주장대로 선택하는 경우가 있습니다. 가령 학업, 직업, 배우자 선택 등에서요. 안타깝게도 그들은 좋지 않은 결과를 마주합니다. 그들의 선택이 틀렸거나 부모의 말이 옳았거나 해서가 아닙니다.

부모의 욕망을 채우며 사는 것이 습관이 된 그들은 부모의 뜻을 거스르면서도 무의식적으로 죄책감을 느낍니다. 부모의 욕망에 압도당한 나머지, 자기 선택에 자신이 없고 무능력해지고 끝까지 마무리를 못합니다. 그리고 "그때 엄마, 아빠의 말을 들었어야 했나?" 하고 착각합니다. 괜찮은 부모가 되고 싶은 부모, 또 그런 부모를 만들어 주는 게 자신의 의무라고 착각한 자녀, 그들은 모두 성취할 수 없는 욕망을 품고 사는 것입니다.

이 책에 '악보 없이 지도하는 방법'이 없는 것은 음악을 진심으로 사랑하는 스스로의 고민에서 출발하는 것이라 그렇습니다. 그런 출발만이 학생들에게 통할 수 있습니다. 음악 속으로 진심으로 들어갔을 때 답이 나올 것입니다. '이것이 맞나?'라고 묻기보다 '이것으로 될 수 있게' 해 보시길 바랍니다.

학생들에게는 감탄할 것에 감탄하고, 감탄할 만한 대상을 발견할 줄 아는 재능이 있습니다. 훌륭하다고 소문난 교사가 아니라 어떤 교사로부터 감탄할 만한 것을 발견합니다. 그들에게는 선생님의 경력, 복장, 외모가 아니라 연주에 감탄하는 분별력이 있습니다. 중요한 것은 학생들에게 진심인 교사들이 많다는 것입니다.

감사의 글

원고 정리를 위해 늘 세심하게 애써 주시는 권미경 대표님, 사례 공개를 흔쾌히 허락해 주신 연우의 부모님, 저의 성장에 큰 도움을 주는 여러 학생들, 저의 일을 기쁜 마음으로 지지해 주는 식구들에게 감사합니다.

피아노로 보는 12감각 깨우기

1판 1쇄 발행일 2023년 12월 12일

지은이 김현경

펴낸이 권미경 | **펴낸곳** 무지개다리너머
주소 서울시 은평구 응암로 310, 501호
전화 02-357-5768 | **팩스** 0504-367-7201 | **이메일** beyondbook7@gmail.com
블로그 blog.naver.com/brbbook | **등록번호** 제25100-2016-000014호(2016. 2. 4.)
ISBN 979-11-90025-06-5 03370

무지개다리너머 도서들

발도르프 교육

발도르프 교육 이해하기
잭 페트라시 지음 | 강도은 옮김
40년간 발도르프 학교 선생님으로 일한 저자의
풍부한 경험과 성찰이 담긴 사례들.

아이의 건강한 리듬 생활
김현경 지음
과정의 힘을 배우는 리듬 생활로 행동, 감정, 사고
를 건강하고 조화롭게 성장시킨다.

배움의 시작 모방과 본보기
김현경 지음
배움의 단계, 시기별 모방, 올바른 본보기, 건강
한 공동체 등 일상에서 실천하는 발도르프 교육.

요정 팁토스와 친구들의 모험
레그 다운 글 그림 | 강도은 옮김
발도르프 교사가 들려주는 45개의 유쾌한 호기
심과 온화한 상상력을 키우는 아름다운 이야기.

영성

우파니샤드
정창영 편역
수천 년을 내려온 고대의 메시지는 시공간을 초
월해 우리에게 필요한 삶의 나침반이 되어 준다.

바가바드 기타
정창영 풀어 옮김
아르주나와 크리슈나가 나누는 철학적이고 영적
인 대화를 통해 우리의 본성을 인식한다.

행복한 지구 생활 안내서
페트 로데가스트 외 편집 | 정창영 옮김
삶의 목적, 사랑, 시간, 카르마, 영의 세계, 죽음,
결혼과 이혼 등에 관한 최고의 힐링 메시지.

예언자
칼릴 지브란 글 그림 | 정창영 옮김
40개 이상 언어로 번역된 일상과 이상의 경계에
서 피어오르는 치유의 언어.

알렉산더 테크닉

건강한 내 몸 사용법 알렉산더 테크닉
최현묵, 백희숙 지음
국내에 알렉산더 테크닉을 알리기 위해 힘써 온
AT 교사들이 알기 쉽게 안내하는 최적의 입문서.

알렉산더 테크닉 척추 건강 회복법
데보라 케플란 지음 | 최현묵 외 옮김
50년 경력의 AT 교사가 알렉산더 테크닉을 척추
통증에 특화시켜 대중화시킨 방법들.

배우를 위한 알렉산더 테크닉
빌 커닝턴 지음 | 배우를 위한 AT 연구소 옮김
배우이자 AT 교사인 저자가 실제 연기 수업에 활
용한 공연 예술인들을 위한 몸·마음 훈련법.

신비

출생 차트 해석하기
스티븐 아로요 지음 | 정창영 옮김
우리가 지구에 태어난 그 순간에 조율된 우주 에
너지 패턴이 담긴 출생 차트를 해석하는 방법.

타로 카드로 보는 내 삶의 여정
조안 버닝 지음 | 연보라 옮김
전 세계적으로 영향력 있는 30여 년 경력의 타로
리더가 전하는 78장 카드 해석과 스프레드 리딩.

천체의 음악 인간의 신비
루돌프 슈타이너 지음 | 미하엘 쿠르츠 편집
행성의 움직임으로 만들어지는 천체의 음악이
지구, 인간, 음악 예술에 미치는 영향력을 설명.